CW01460942

Jitka Cvejnová

Česky, prosím I

Učebnice češtiny pro cizince

UNIVERZITA KARLOVA V PRAZE
NAKLADATELSTVÍ KAROLINUM 2008

Recenzenti: Dr. phil. et PhDr. Karel Šenkeřík
Mgr. Kateřina Vlasáková

ISBN 978-80-246-1577-6

OBSAH

OBSAH

Česky, prosím I je první díl čtyřdílné série učebnic češtiny pro cizince, která postupně zahrne čtyři úrovně A1, A2, B1, B2 *Společného evropského referenčního rámce pro jazyky. Jak se učíme jazykům, jak je vyučujeme a jak v jazycích hodnotíme* (česky, Olomouc 2002). Tento první díl se svým obsahem opírá o českou verzi referenčního popisu češtiny *Čeština jako cizí jazyk. Úroveň A1* (MŠMT, Praha 2005), kterou zpracovali Marie Hádková, Jan Línek a Kateřina Vlasáková. Zde vyučující najde podrobný teoretický popis úrovně A1 pro češtinu.

Učebnice je koncipována pro prvních 100 hodin výuky (± 20 hodin) češtiny pro cizince. Je možné ji používat jednak jako úvodní učebnici pro výuku začátečníků, může však sloužit i pro ty uživatele, kteří z nejrůznějších důvodů nechtějí nebo nepotřebují svou znalost češtiny dále rozvíjet. Může být využita jak v intenzivním kurzu češtiny (pět hodin výuky češtiny denně), tak u skupin, které mají k dispozici menší počet hodin týdně. Na konci výuky podle této učebnice by průměrný student měl dosáhnout úrovně A1 podle *Společného evropského referenčního rámce pro jazyky.*

Učebnice je určena dospívající mládeži a dospělým a skládá se z 10 lekcí rozdělených do čtyř oddílů A, B, C, D. V prvních třech oddílech A, B, C se prezentují, rozvíjejí a procvičují jazykově ztvárněné komunikační obsahy uvedené na začátku každého oddílu shrnujícím nadpisem. V každém z oddílů A, B, C se postupuje od prezentace jazykového učiva k vlastní samostatné produkci. Některé oddíly ještě shrnují hlavní komunikativní cíl oddílu na jeho konci. Během práce s oddílem má uživatel příležitost rozvíjet všechny čtyři řečové dovednosti (čtení, poslech, psaní a mluvení), seznamuje se s nezbytnými gramatickými prostředky, slovníkem a systematicky si osvojuje zvukovou podobu češtiny. V nezbytně nutné míře se upozorňuje i na některé jevy, které rozvíjejí sociokulturní kompetenci cizinců v češtině. Poslední oddíl D je věnován rozšiřování jazykových znalostí v rámci jazykových situací lekce a obsahuje i některé informace z českých reálií. Každá lekce je ukončena kontrolním testem, ve kterém si uživatel může sám prověřit, jak uvedenou lekci zvládl.

Učebnice dále obsahuje přehled fonetického systému češtiny, přehled probraného gramatického učiva, tematický přehled lexika ke konverzaci a přehled probraných jazykových funkcí dle deskriptorů, jež se opírají o zásady *Evropského jazykového portfolia.*

Tento úvodní díl plánované série učebnic češtiny pro cizince má sloužit k tomu, aby se uživatel naučil rychle, efektivně a zároveň spolehlivě dorozumět v základních komunikačních situacích. Obsahuje proto jen velmi omezený soubor gramatických pravidel nutných k dosažení komunikativních cílů. Vyučující musí mít stále na paměti, že gramatická kompetence uživatelů bude dále systematicky rozvíjena v dalších dílech. Pro zájemce o konečnou úroveň A1 nebo rychle pracující skupiny jsou některé rozšiřující gramatické prostředky doplněny v přehledu probraného gramatického učiva.

Učebnice je doplněna samostatným Pracovním sešitem, který obsahuje různorodou škálu cvičení k jednotlivým jazykovým prostředkům (fonetická, pravopisná, lexikální a gramatická cvičení) a řečovým dovednostem (poslech, čtení, ústní komunikace a psaní). Pracovní sešit dále obsahuje transkripci všech poslechových textů, klíč k některým cvičením, řešení kontrolních testů z učebnice a abecední slovník.

Autorka upřímně děkuje kolegyním ze střediska Albertov a střediska Poděbrady za ověření pilotních lekcí v jejich výuce češtiny a za jejich podněty a připomínky, které přispěly k dopracování konečné podoby učebnice. Dále děkuje především hlavním recenzentům Dr. phil. et PhDr. Karlu Šenkeříkovi a Mgr. Kateřině Vlasákové za cenné rady a podněty, které jí poskytli. Všechny pomohly dotvořit konečnou podobu této učebnice a autorka si jejich aktivní spolupráce velmi váží. V neposlední řadě děkuje i Mgr. Ingrid Neckářové za organizační podporu, kterou jí během tvorby této učebnice nezištně poskytovala.

Autorka věnuje tuto učebnici svým rodičům Eduardu Cvejnovi a Marii Cvejnové.

V Rychnově nad Kněžnou, březen 2007
Autorka

Hvězdička (*) označuje obtížnější cvičení určená pro rychle pracující studenty.

Tiskací písmeno	Psací písmeno	Hláskujeme
a, A	*a A*	krátké a
á, Á	*á Á*	dlouhé a
b, B	*b B*	bé
c, C	*c C*	cé
č, Č	*č Č*	čé
d, D	*d D*	dé
ď, Ď	*ď Ď*	ďé
e, E	*e E*	krátké e
é, É	*é É*	dlouhé e
ě	*ě Ě*	e s háčkem
f, F	*f F*	ef
g, G	*g G*	gé
h, H	*h H*	há
ch, Ch	*ch Ch*	chá
i, I	*i I*	krátké měkké i
í, Í	*í Í*	dlouhé měkké i
j, J	*j J*	jé
k, K	*k K*	ká
l, L	*l L*	el
m, M	*m M*	em
n, N	*n N*	en

Tiskací písmeno	Psací písmeno	Hláskujeme
ň, Ň	ň Ň	eň
o, O	o O	krátké o
ó, Ó	ó Ó	dlouhé o
p, P	p P	pé
q, Q	q Q	kvé
r, R	r R	er
ř, Ř	ř Ř	eř
s, S	s S	es
š, Š	š Š	eš
t, T	t T	té
ť, Ť	ť Ť	ťé
u, U	u U	krátké u
ú, Ú	ú Ú	dlouhé u
ů	ů	u s kroužkem
v, V	v V	vé
w, W	w W	dvojité vé
x, X	x X	iks
y, Y	y Y	krátké tvrdé y (krátké ypsilon)
ý, Ý	ý Ý	dlouhé tvrdé y (dlouhé ypsilon)
z, Z	z Z	zet
ž, Ž	ž Ž	žet

To je Adam. To je muž.

To je Eva. To je žena.

1. Poslouchejte a čtěte.

02

A: Ahoj, **ty jsi** Iva?
B: Ano. A ty?
A: **Já jsem** Adam.
B: Těší mě.
A: Mě taky.

C: **Vy jste** pan Urban?
D: Ano, **já jsem** Adam Urban.
C: Dobrý den, pane Urbane!
  Jak se máte?
D: Děkuju, dobře. A vy?

E: Dobrý den, nejste paní Urbanová?
F: Ano, to jsem já.
E: Těší mě, já jsem Robert Kos.
F: Mě také těší.

2. Doplňte.

Iva: Ahoj, já jsem _____ .

Adam: Těší mě. Já _____ Adam.

Iva: _____ se máš, Adame?

Adam: _____ , dobře. A ty, Ivo?

Pan Kos: Dobrý den, já _____ Robert Kos.

Paní Urbanová: Těší _____ , Urbanová.

Pan Kos: Jak se _____ , paní Urbanová?

Paní Urbanová: Děkuju, _____ . A vy?

🔊 **3. Poslouchejte a kontrolujte.**
02

❯ **GRAMATIKA**
Nepravidelné verbum „být" – prézens

Osobní zájmeno	Pozitivní forma	Negativní forma
singulár		
já	jsem	nejsem
ty	jsi	nejsi
on (M) / ona (F)	je	není
plurál		
my	jsme	nejsme
vy	jste	nejste
oni (M) / ony (F)	jsou	nejsou

4. Doplňte správné formy verba „být".
Vzor: *Já jsem Karel, _____ Pavel. → Já jsem Karel, nejsem Pavel.*

1. Já jsem Milan, já _____ Ivan. 2. Ty _____ Eva, ty nejsi Iva. 3. On _____ Míla,

on není Míra. 4. Ona je Jana, _____ Dana. 5. My jsme Eva a Adam Kosovi, _____

Eva a Adam Urbanovi. 6. Vy _____ pan Kos? Nejste pan Urban? 7. Vy jste paní Urbanová?

Vy _____ paní Kosová? 8. Oni _____ Musilovi, nejsou Dusilovi.

❯ **JMÉNO**

Muž – Křestní jméno: Adam, Příjmení: Urban

Žena – Křestní jméno: Eva, Příjmení: Urban**ová**

Muž + žena: 1 příjmení Urban**ovi**

🔊 5. Poslechněte si jména. Které jméno a příjmení slyšíte?

03

1. Karel Novák   Pavel Horák
2. Ilona Havlíková   Ivona Pavlíková
3. Jarmila Kosová   Radmila Losová
4. Miroslav Válek   Miloslav Hálek
5. Radek Prusek   Marek Rusek

📄 6. Čtěte a správně vyslovujte. Který dialog je formální a který neformální?

Dialog 1
A: Ahoj, ty jsi Robert?
B: Ano. A ty?
A: Já jsem Lenka.

Dialog 2
A: Dobrý den, pane Urbane!
    Jak se máte?
B: Děkuju, dobře. A vy?
A: Taky dobře.

Dialog 3
A: Ahoj, Adame!
B: Ahoj, Filipe! Jak se máš?
A: Super. A ty?

7. Změňte podle vzoru.
Vzor: *To je Iva. Jak se máš, _____? → To je Iva. Jak se máš, Ivo?*

1. To je pan Urban. Jak se máte, _____ _____? 2. To je paní Kosová. Jak se máte, _____ _____?

3. To je Adam. Ahoj, _____! 4. To je Alena. Ahoj, _____! 5. To je pan Musil. Dobrý

den, _____ _____! 6. To je paní Malíková. Dobrý den, _____ _____.

8. Doplňte minidialogy.

A: Ahoj, jak se máš?   A: Jsem Alena.   A: Dobrý den, paní Vítová.

B: _____.   B: _____ David.   B: Dobrý den, _____ Urbane.

💬 9. Řekněte, kdo jste.

Kdo jste?   Jste muž nebo žena?

Jsem _____.   Jsem _____.

✏ 10. Napište své jméno.

Křestní jméno: _____   Příjmení: _____

Iva: Adame, ty pracuješ, nebo studuješ?
Adam: Pracuju, jsem pilot.
Iva: Já studuju, jsem studentka. A Eva?
Adam: Eva je taky studentka jako ty.

1. Čtěte a pak napište podle abecedy.

advokát, profesor, ekonom, student, pilot, modelka, doktor, diplomat, fotograf, programátor

advokát, _____

◀)) **2. Poslouchejte a opakujte.**
04

A: **Co děláš**, Adame?
B: Jsem pilot. A ty, Roberte?
A: Já jsem student. Nepracuju.

A: **Co děláte**, pane Musile?
B: Pracuju jako ekonom. A vy, paní Kosová?
A: Jsem profesorka. Pracuju na univerzitě.

❸ **GRAMATIKA**

Maskulinum – femininum
advokát – advokát**ka**
student – student**ka**

✐ **3. Napište femininum.**

1. fotograf 1. _____

2. profesor 2. _____

3. diplomat 3. _____

4. doktor   4. _____

5. pilot   5. _____

◀)) **4. Poslouchejte a řekněte, co je pravda.**
05 **Vzo**r: Ano, Adam Urban je pilot. / Ne, Adam Urban není pilot.

1. Adam Urban je pilot.
2. Eva Kosová je modelka.
3. Alena Musilová je profesorka.
4. Milan Janák je fotograf.
5. Filip Král je ekonom.

◀)) **5. Poslouchejte ještě jednou a odpovězte.**

05

1. Kdo je ekonom? 2. Kdo je modelka? 3. Co dělá Adam Urban? 4. Co dělá Alena Musilová?
5. Co dělá pan Král?

➔ **POVOLÁNÍ**	advokát, asistent, diplomat, ekonom, fotograf...
POHLAVÍ	muž × žena

◀)) **6. Poslouchejte a pište.**

06

Klára Pavlátová, René Bém, Vít Králík, Valentýn Dýmák, Róza Jónová, Rút Úlehlová,
Růžena Tůmová

7. a) Kdo je muž a kdo je žena? b) Jaké mají povolání?
c) Utvořte jedno příjmení v plurálu.
Vzor: *Pavel Novák: a) Pavel Novák je muž. b) Pavel Novák je fotograf. c) Novák → Novákovi*

➔ **GRAMATIKA**
Verbum: pravidelný infinitiv „-ovat" – prézens

Osobní zájmeno	Pozitivní forma	Negativní forma
singulár		
já	stud**uju**/pracuju	nestuduju/nepracuju
ty	stud**uješ**/pracuješ	nestuduješ/nepracuješ
on (M) / ona (F)	stud**uje**/pracuje	nestuduje/nepracuje
plurál		
my	stud**ujeme**/pracujeme	nestudujeme/nepracujeme
vy	stud**ujete**/pracujete	nestudujete/nepracujete
oni (M) / ony (F)	stud**ujou**/pracujou	nestudujou/nepracujou

8. Doplňte správné formy verb „studovat" nebo „pracovat". Pozor na pozitivní a negativní formu!

Vzor: *Pan Kos je ekonom. Pracuje, _____ . → Pan Kos je ekonom. Pracuje, nestuduje.*

1. Adam Urban je pilot. Pracuje, _____ . 2. Eva Musilová je studentka.

Nepracuje, _____ . 3. Já jsem také studentka. _____ , _____ .

4. _____ , nebo studuješ, Jano? 5. _____ , nebo _____ , pane Musile?

6. Iva a Marek Janákovi nepracujou, _____ . 7. Vy _____ , nebo _____ ,

Marto a Dano? 8. My _____ na univerzitě.

◀)) 9. Poslouchejte, čtěte a správně vyslovujte.
07

1. Pan **Sou**kup je profesor. Pracuje na univerzitě.
2. Paní **Kou**kolová pracuje v **Dou**bí. Je fotografka.
3. Slečna **Ou**tratová a slečna **Kou**bová nepracu**jou,** studu**jou**.
4. Ma**tou**š Sl**ou**p není student, pracuje jako ekonom v bance.
5. Adam a Eva nejs**ou** Kr**ou**povi, js**ou** Urbanovi**.**

⌐ 10. Odpovězte.

1. Je pan Soukup student? 2. Je pan Soukup programátor? 3. Pracuje pan Soukup v bance?
4. Fotografuje paní Koukolová? 5. Je slečna Outratová advokátka? 6. Pracuje slečna Koubová v bance?
7. Studujou slečna Outratová a slečna Koubová na univerzitě? 8. Je Matouš Sloup student?
9. Pracuje Matouš Sloup jako profesor na univerzitě? 10. Jsou Eva a Adam Kroupovi?

✎ 11. Doplňte podle vzoru.

Křestní jméno: Adam   Křestní jméno: _____

Příjmení: Urban   Příjmení: _____

Pohlaví: muž   Pohlaví: _____

Povolání: pilot   Povolání: _____

Jak mluví Adam a Eva?

Adam mluví česky a anglicky.
Adam je Čech.

Eva mluví česky, anglicky a rusky.
Eva je Češka.

🔊 1. Poslouchejte a opakujte.
08

A: **Mluvíš** anglicky, Filipe?
B: Ano, mluvím anglicky a trochu německy. A ty?
A: Já mluvím jen česky.

A: **Mluvíte** anglicky, pane Musile?
B: Ne, nemluvím anglicky. A vy, mluvíte česky?
A: Bohužel, nemluvím česky.
B: To je škoda, já nemluvím anglicky, vy nemluvíte česky.

2. Doplňte do dialogu jiné jazyky. Pracujte ve dvojicích.

🟢 arabsky, francouzsky, italsky, slovensky, španělsky...

⊘ GRAMATIKA
Verbum: pravidelný infinitiv „-it, -et, -ět" – prézens

Osobní zájmeno	Pozitivní forma	Negativní forma
singulár		
já	mluv**ím**	nemluvím
ty	mluv**íš**	nemluvíš
on (M) / ona (F)	mluv**í**	nemluví
plurál		
my	mluv**íme**	nemluvíme
vy	mluv**íte**	nemluvíte
oni (M) / ony (F)	mluv**í**	nemluví

3. Doplňte správné formy verba „mluvit" do minidialogů. Pozor na pozitivní a negativní formu!

A:. _____ německy?

B: Ne, francouzsky a španělsky. A ty?

A: Trochu italsky.

A: Marek _____ čínsky.

B: Čínsky?

A: Ale jen trochu.

A: Pane profesore, _____ arabsky?

B: Ne, _____ arabsky.

A: Jak _____, Marto a Jano?

B: Já _____ trochu anglicky a Marta trochu rusky.

A: _____ také španělsky?

B: Ne, my _____ španělsky.

A: Filip a Robert _____ jen česky?

B: Ne, Filip a Robert _____ dobře anglicky.

A: Jak _____, Aleno a Milane?

B: _____ slovensky.

🔊 4. Poslouchejte a pak čtěte, správně vyslovujte.
09

1. Žaneta Čápová mluví španělsky. 2. Šimon Žák nemluví čínsky. 3. Blažena Čermáková je
v Šumperku. 4. Šárka a Růžena jsou Češky. 5. Miloš Boček pracuje jako inženýr. 6. Arnošt a Božena
Čapkovi pracujou na univerzitě. 7. Doktor Leoš Blažej mluví česky, ale není Čech, je Slovák.
8. Inženýrka Eliška Ulčová pracuje v bance, je ekonomka. 9. Lukáš Žatečka je profesor. 10. Tomáš
Krejčík je český režisér.

➡️ **STÁTNÍ PŘÍSLUŠNOST / NÁRODNOST**

Arab, Angličan, Čech, Číňan, Francouz, Ital, Němec, Rus, Slovák, Španěl, Vietnamec...

➡️ GRAMATIKA

Maskulinum – femininum
Arab – Arab**ka**
Ital – Ital**ka**
Něm**ec** – Něm**ka**
Pozor: Čech × Češka, Slovák × Slovenka

📄 5. Čtěte a odpovězte.

a) Filip Kroupa je Čech. Nepracuje v bance, ale na univerzitě. Je asistent. Mluví česky, anglicky
   a trochu německy.
b) Nataša je Ruska. Je studentka. Studuje na univerzitě. Mluví rusky, anglicky a francouzsky.

1. Je Filip Čech, nebo Slovák?
2. Kde pracuje Filip?
3. Je Filip profesor?
4. Mluví Filip italsky?
5. Mluví Filip dobře německy?
6. Je Nataša Ukrajinka?
7. Pracuje Nataša v bance?
8. Mluví Nataša česky?
9. Jak mluví Nataša?
10. Jak mluvíte vy? / Jak mluvíš ty?

◀ 6. Poslouchejte a doplňte podle vzoru.

¹⁰ **Vzor:** *Adam je _____, mluví _____.* → *Adam je Čech, mluví česky.*

Američan, Belgičanka, Italka, Korejec, Maročan, Mexičanka, Němka, Slovák, Španěl, Švýcar

1. Norma je _____, mluví _____.

2. Laura je _____, mluví _____.

3. Said je _____, mluví _____ a francouzsky.

4. Pedro je _____, mluví _____.

5. Monika je _____, mluví _____.

6. Albert je _____, mluví _____ a francouzsky.

7. Miro je _____, mluví _____.

8. Kim je _____, mluví _____.

9. Tom je _____, mluví _____.

10. Ann je _____, mluví _____ a vlámsky.

💬 7. Odpovězte.

Jak mluvíte? _____

1. Kdo je kdo v české historii? (Pracujte s internetem.)

spisovatel a dramatik, historik, novinář, podnikatel, hudební skladatel, filozof a pedagog

Jan Ámos Komenský
(1592–1670)

František Palacký
(1798–1876)

Karel Havlíček Borovský
(1821–1856)

Emil Škoda
(1839–1900)

Antonín Dvořák
(1841–1904)

Karel Čapek
(1890–1938)

2. Víte, kdo je...?

Václav Havel, Miloš Forman, Magdaléna Kožená, Dominik Hašek, Karolína Kurková
(bývalý prezident, dramatik, filmový režisér, hokejista, modelka, operní zpěvačka)

◀)) **3. Poslouchejte a najděte 10 křestních jmen pro ženu.**

11

I	L	E	V	A	K	R	T	A	P	K	W	Y	P	B	O
L	J	V	A	D	U	L	T	R	L	A	S	O	M	L	N
O	A	Z	Q	D	W	R	E	R	E	M	T	Y	G	I	P
N	N	A	I	S	A	D	F	G	N	I	H	A	J	L	K
A	A	Y	X	M	C	H	V	B	K	L	I	V	A	N	A
P	O	I	U	Z	A	T	A	R	A	A	E	W	Q	A	S
D	F	G	H	J	K	L	M	N	B	V	C	X	Z	Q	W
V	I	L	M	A	E	R	T	Z	O	P	E	L	E	N	A

4. Doplňte tabulku.*

Křestní jméno	Povolání	Jak mluví?
Pavel		
Růžena		
Milan		
Dana		

Povolání: advokát, ekonomka, inženýr, novinářka

Jazyky: anglicky, francouzsky, německy, polsky, rusky, slovensky, španělsky

1. Pavel nemluví německy.
2. Pavel není inženýr.
3. Milan není advokát.
4. Nikdo nemluví polsky ani slovensky.
5. Dana není ekonomka a nemluví ani rusky ani španělsky.
6. Každý mluví anglicky.
7. Jedna osoba mluví rusky a španělsky.
8. Jeden muž a jedna žena mluví jen anglicky.
9. Jeden muž mluví anglicky, německy a francouzsky.
10. Francouzsky, německy, rusky a španělsky mluví vždy jen jedna osoba.

💬 **5. Odpovězte na otázky.***

1. Co dělá Pavel? 2. Kdo je advokát? 3. Jak mluví každá osoba? 4. Kdo mluví polsky?
5. Je Milan novinář? 6. Je Růžena ekonomka? 7. Kdo mluví francouzsky? 8. Kdo mluví španělsky?
9. Co dělá Dana? 10. Mluví někdo slovensky?

🔊 1. Poslouchejte a pište správně jména, která slyšíte.

12 *(20 bodů, 10 jmen)*

1.	6.
2.	7.
3.	8.
4.	9.
5.	10.

2. Doplňte osobní zájmena.

(10 bodů, 10 osobních zájmen)

1. Mám se dobře a jak se máš _____? 2. Pane Musile, _____ pracujete jako inženýr? 3. To je Eva. Co

dělá? _____ je studentka. 4. Robert a Filip nejsou studenti, _____ jsou piloti. 5. _____ nestudujeme,

pracujeme v bance. 6. Nejsem Američan, _____ jsem Čech. 7. Ta žena je Marika. _____ není Češka,

je Slovenka. 8. _____ jsme studenti, _____ jste také studenti? 9. Irena a Lída nemluví anglicky, _____

jsou Češky.

3. Doplňte správnou formu verba.

(20 bodů, 10 verb)

(být, dělat, mluvit, pracovat, studovat)

1. Kdo _____ to? 2. To _____ ty, Adame? 3. Ano, to _____ já.

4. Co _____, Adame? 5. Jsem pilot a co _____ vy, pane Musile?

6. To _____ Karolína. 7. _____ na univerzitě. Je asistentka. 8. _____ dobře anglicky.

9. To ne_____ Musilovi, ale Urbanovi. 10. Musilovi _____ v bance.

4. Doplňte chybějící slovo.
(10 bodů, 5 slov)

1. Ty jsi _____?

   Ne, jsem Švýcarka.

2. To je _____ Musil.

   Je ekonom v bance.

3. Jsem inženýrka Čermáková.

   _____ mě, Jan Novák.

4. Ahoj, jak se máš.

   _____, a ty?

5. Nemluvím anglicky.

   To je _____, já nemluvím česky.

5. Čtěte a doplňte.
(20 bodů, 5 vět)

1. Tomáš Krejčík je český režisér. 2. Norma Juarez je mexická manekýnka. 3. Albert Hofmann je švýcarský advokát. 4. Nguyen Hong je vietnamský student. 5. Nataša Pavlova je ruská profesorka.

Křestní jméno:

Příjmení:

Povolání:

Národnost / Státní příslušnost:

Výsledek: 80–72 je to velmi dobré, 72–56 dobré, 55–0 špatné, studujte a opakujte.

A: Jak **se jmenuješ**, prosím **tě**?
B: **Jmenuju se** Adam. A **ty**?

A: Jak **se jmenujete**, prosím **vás**?
B: **Jmenuju se** Eva Urbanová. A **vy**?

🔊 1. Poslouchejte a čtěte.

13

Dialog 1
A: Prosím, vaše jméno a příjmení.
B: Promiňte, nerozumím, jsem cizinec.
A: Jak se jmenujete, prosím?
B: Albert Hofmann.
A: Vy jste Němec?
B: Ne, Švýcar.

Dialog 2
A: Jak se jmenuješ?
B: Jsem Marcela Zemanová.
A: Prosím? Nerozumím. Jsem cizinec.
B: Jmenuju se Marcela Zemanová. Už rozumíš?
B: Ano, Marcelo, už rozumím.
A: A jak se jmenuješ ty?
B: Jmenuju se Albert Hofmann.

2. Doplňte podle dialogů.

1. Ten muž se jmenuje _____ _____. 2. Není Čech, je _____.

3. Nerozumí dobře _____. 4. Ta žena se jmenuje _____ _____.

5. Ta žena je _____, není cizinka.

2. LEKCE

A. Jak se jmenuješ? / Jak se jmenujete?

➜ GRAMATIKA
Reflexivní verbum – pozice reflexiva „se" – prézens

Osobní zájmeno		
singulár		
já	Jmenuju se Adam.	Já se jmenuju Adam.
ty	Jmenuješ se Eva.	Ty se jmenuješ Eva.
on (M) / ona (F)	Jmenuje se Filip. / Jmenuje se Marta.	On se jmenuje Filip. / Ona se jmenuje Marta.
plurál		
my	Jmenujeme se Urbanovi.	My se jmenujeme Urbanovi.
vy	Jmenujete se Robert Musil / Kosovi.	Vy se jmenujete Robert Musil / Kosovi.
oni (M) / ony (F)	Jmenujou se Novákovi.	Oni se jmenujou Novákovi.

3. Doplňte podle vzoru.
Vzor: *Já – Viktor (Filip). → Já se jmenuju Viktor. Nejmenuju se Filip.*

1. Ona – Marcela (Markéta). 2. Oni – Koukalovi (Koukolovi).
3. Vy – Marek Hanák (Radek Hanák). 4. Ty – Jan Pavlík (Ivan Karlík).
5. Vy – Šimonovi (Simonovi). 6. Já – Ivana (Ivona).
7. On – Tomáš Dusil (Tomáš Musil). 8. My – Čápovi (Čapkovi).
9. Ty – Blažena (Božena). 10. Ona – Pavlína (Pavla).

◀)) 4. Poslouchejte, pak čtěte, správně vyslovujte.
14

1. Mosambik je stát v Africe.
2. Zuzana a Vincenc pracujou v bance.
3. Alice Zemanová není cizinka.
4. Zlata Cibulková mluví dobře anglicky, studuje v Americe.
5. Ten cizinec nestuduje na univerzitě v Praze, ale v Olomouci.
6. Pan inženýr Zajíc a pan doktor Vízner pracujou v Liberci.
7. Ten pán se jmenuje Cyril Zapletal.
8. Slávek Zatloukal je dobrý cyklista.
9. Marcela nerozumí rusky.
10. Ten Zambijec studuje medicínu.

➔ **Pozorujte**

Jak se jmenuje **ten pán**?	Ten pán se jmenuje Adam Urban.
Jak se jmenuje **ta paní**?	Ta paní se jmenuje Eva Urbanová.

5. Doplňte „ten", „ta" a pak odpovězte na otázku.

Jak se jmenuje: _____ pán, _____ studentka, _____ cizinec, _____ režisér, _____ manekýnka,

_____ Ukrajinka, _____ doktor, _____ Švýcar, _____ inženýrka, _____ Češka?

➔ **Pozorujte**

A: **Prosím**, jak se jmenujete? / Jak se jmenujete, **prosím**?	A: **Prosím**? Nerozumím.
B: Jmenuju se Adam Urban.	B: Jsem Adam Urban.

🔊 6. Poslouchejte a doplňte minidialogy.
15

a) A: Jak se jmenujete, prosím?

  B: _____ se Lubomír Zajíc.

c) A: Promiňte, vy jste _____ Zemenová?

  B: Ne, jsem Marcela Zemanová.

e) A: Prosím? Bohužel, _____ . Jsem cizinka.

  B: Jak se jmenujete, slečno?

b) A: Dobrý den, vy _____ pan Urban, prosím?

  B: Ne, nejmenuju se Urban, jsem Robert Kos.

d) A: Rozumíte dobře, pane Filipe?

  B: Ano, _____ dobře.

f) A: Kdo jste, _____?

  B: Jsem doktor Mašek. Jsem advokát.

7. Doplňte správné formy verb „rozumět". Pozor na pozitivní a negativní formu!

Vzor: *Eva a Adam rozumějí anglicky, _____ italsky. → Eva a Adam rozumějí anglicky, nerozumějí italsky.*

1. Ten cizinec nerozumí česky, _____ jen anglicky.

2. Promiňte, _____, jsem cizinec. Rozumím jen německy.

3. _____ dobře česky, pane Hofmanne? Ne, rozumím jen trochu.

4. Ta slečna rozumí dobře anglicky, _____ ale německy.

5. Alberte, ona se jmenuje Marcela, ne Markéta. _____, nebo nerozumíš?

6. Urbanovi rozumějí jen německy, _____ anglicky.

7. Filipe a Roberte, _____ dobře? Ano, rozumíme dobře.

8. Mluvíme španělsky a _____ trochu italsky, nerozumíme ale česky.

9. Kdo _____? Kim _____, nemluví česky.

10. Jak _____, paní Musilová. Děkuju, rozumím dobře.

8. Čtěte a odpovězte na otázky.

a) Ten muž je Afričan. Je to Senegalec Karim. Studuje medicínu v Olomouci. Mluví dobře francouzsky a česky. Rozumí trochu anglicky.

b) Pan inženýr Zeman je Čech. Je programátor. Pracuje v jedné bance v Liberci. Mluví česky a anglicky. Rozumí trochu německy.

c) Ta žena se jmenuje Alice. Není Češka, je cizinka. Je Američanka. Pracuje jako asistentka na univerzitě v Praze. Mluví jen anglicky.

a) 1. Kdo mluví francouzsky? 2. Kdo nemluví česky? 3. Kdo studuje medicínu? 4. Kdo pracuje v Liberci. 5. Kdo pracuje v Praze?

b) 1. Jak se jmenuje americká asistentka? 2. Jak se jmenuje český programátor? 3. Jak se jmenuje senegalský student? 4. Jak mluví Karim? 5. Mluví inženýr Zeman německy?

9. Doplňte.

1. Jsem _____.

2. Jmenuju se _____.

3. Studuju / pracuju _____.

4. Mluvím _____.

5. Rozumím _____.

A: Jak se jmenuje **ten stát**?
B: **Ten stát** se jmenuje
   Česká republika.

A: Jak se jmenuje **ta řeka**?
B: **Ta řeka** se jmenuje Labe.

A: Jak se jmenuje **to město**?
B: **To město** se jmenuje
   Liberec.

A: Jak se jmenuje **ta ulice**?
B: **Ta ulice** se jmenuje
   Masarykova ulice.

A: Jak se jmenuje **to nádraží**?
B: **To nádraží** se jmenuje Praha-Holešovice.

➲ GRAMATIKA
Rod – substantiva, demonstrativa

Maskulinum	Femininum	Neutrum
ten profeso**r** *(muž)*	**ta** profesork**a** *(žena)*	
ten stá**t** *(-konsonant)*	**ta** řek**a** *(-a)*	**to** měst**o** *(-o)*
	ta ulic**e** *(-e)*	**to** nádraž**í** *(-í)*

1. Doplňte.

(stát, řeka, ulice, město, nádraží)

1. Česká republika je evropský _____. 2. Mosambik je _____ v Africe. 3. Jsme na

Praha-Holešovice. 4. _____ Liberec je v České republice. 5. _____ Holešovice je v Praze.

6. V Šumperku není Smetanova _____. 7. V Praze je také Masarykovo _____. 8. _____

Dunaj není v České republice. 9. Jak se jmenuje ta _____? Opletalova. 10. Lucembursko

je _____, Lucemburk je _____.

2. Doplňte „*ten, ta, to*".

1. _____ pán; 2. _____ jméno; 3. _____ stát; 4. _____ republika;

5. _____ příjmení; 6. _____ inženýrka; 7. _____ město; 8. _____ doktor;

9. _____ ulice; 10. _____ Afrika

🔊 3. Poslouchejte, pak čtěte, správně vyslovujte.
16

1. Ta slečna se jmenuje **Bě**la Pot**mě**šilová. 2. Li**bě**na Vy**mě**talová studuje v Ostra**vě**.
3. **Vě**ra je na diskotéce v klubu na Har**fě**. 4. **Mě**sto Olomouc je na Mora**vě**.
5. Pan S**pě**váček pracuje jako inženýr ve fir**mě** Škoda. 6. Pan **Vě**rčák není na Ku**bě**, ale v Pana**mě**.
7. Kvě**ta** pracuje jako advokátka ve Znoj**mě**. 8. Bartolo**mě**j pracuje na nádraží v So**bě**slavi.
9. Alž**bě**ta nestuduje v Mosk**vě**, ale v Kyje**vě**. 10. Paní Vyky**pě**lová se jmenuje Svě**tlana**.

💬 4. Odpovězte na otázky.

1. Kdo jste? 2. Jste Čech nebo cizinec? 3. Jste Afričan? 4. Jak se jmenujete?
5. Co děláte? 6. Studujete medicínu? 7. Studujete v Praze? 8. Mluvíte anglicky?
9. Mluvíte česky? 10. Jak mluvíte česky?

🔊 5. Poslouchejte a doplňte.
17

✏️ a) Křestní jméno: b) Křestní jméno:

   Pohlaví: Pohlaví:

   Povolání: Povolání:

   Město: Město:

   Stát: Stát:

Jaké máš číslo telefonu?
Jaké máte číslo telefonu?

◀))) **6. Poslouchejte a opakujte.**
18

A: **Nevíš**, jaké číslo telefonu má Adam Urban?
B: Bohužel nevím.

A: Adame, jaké **máš** číslo telefonu?
B: 603 842 759.
A: Děkuju.
B: Není zač.

A: **Nevíte**, jaké číslo telefonu má Eva Urbanová?
B: Bohužel nevím.

A: Paní Evo, jaké **máte** číslo telefonu?
B: 777 111 236.
A: Děkuju.
B: Není zač.

➡ | | |
|---|---|
| 1 jeden (M), jedna (F), jedno (N) | 6 šest |
| 2 dva (M), dvě (F), dvě (N) | 7 sedm |
| 3 tři | 8 osm |
| 4 čtyři | 9 devět |
| 5 pět | 10 deset |
| 0 nula | |

7. Čtěte telefonní čísla.

352 792 704 – 567 430 126 – 819 765 241 – 607 439 507 – 723 409 865 – 535 624 209

💬 **8. Ptejte se ve skupině na telefonní čísla.**

➔ GRAMATIKA
Verbum: nepravidelný infinitiv „mít" – prézens

Osobní zájmeno	Pozitivní forma	Negativní forma
singulár		
já	mám	nemám
ty	máš	nemáš
on (M) / ona (F)	má	nemá
plurál		
my	máme	nemáme
vy	máte	nemáte
oni (M) / ony (F)	mají	nemají

9. Doplňte formy verba „mít".

1. Nevím, jaké telefonní číslo _____ pan Pavlík. 2. Promiňte, vy _____ číslo 777 111 236?

3. Česká republika _____ předvolbu 00420. 4. Urbanovi _____ telefon číslo 235 876 541.

5. Jaké _____ číslo telefonu, paní? 6. Bohužel, já _____ telefon. 7. _____ mobil, Ivo?

8. Ano, _____. 9. Banka _____ číslo 495 278 061. 10. My _____ fax číslo 355 429 710.

◀)) 10. Poslouchejte a zapište telefonní čísla.
19

Eva: Robert:

Paní Zapletalová: Pan Čermák:

Slečna Marcela: Doktor Mašek:

◄») 1. Poslouchejte a opakujte.
20

A: Prosím vás, paní, nevíte, kolik je hodin?
B: Je přesně pět.
A: Mockrát děkuju.
B: Prosím.

A: Prosím tě, Adame, nevíš, kolik je hodin?
B: Bohužel nevím, nemám hodinky ani mobil.

→ **KOLIK JE HODIN?**

Je jedna hodina.

Jsou dvě hodiny.
Jsou tři hodiny.
Jsou čtyři hodiny.

Je pět hodin.
Je šest hodin.
Je ... hodin.
Je dvanáct hodin.

---

2. Řekněte, kolik je hodin.

a) 7, 2, 3, 1, 5, 8, 4, 9, 6, 10

b)

11 jedenáct	16 šestnáct
12 dvanáct	17 sedmnáct
13 třináct	18 osmnáct
14 čtrnáct	19 devatenáct
15 patnáct	20 dvacet

3. Změňte dialogy.

a) A: Prosím tě, máš čas, Adame?
   B: Ano, ale jen **10** minut.

   (12, 19, 9, 8, 15, 7, 5, 20, 14, 11 minut)

b) A: Máte peníze, slečno Zemanová?
   B: Bohužel ne, mám jenom **10** korun.

   (6, 13, 17, 11, 12, 18, 19, 15, 14, 20 korun)

4. Poslouchejte, pak čtěte, správně vyslovujte.
21

1. Kateřina Řepová pracuje na nádraží.
2. Pan inženýr Říčař je v Řecku.
3. Třinec má jako předvolbu číslo 659.
4. Přemek Dvořák je taxikář.
5. Jmenuju se Ondřej Šafařík.
6. Ondřej je křestní jméno a Šafařík je příjmení.
7. Ten pán mluví řecky, ale není Řek, je Kypřan.
8. Bořek se má pořád dobře.
9. Jiřina pracuje jako sekretářka v Kroměříži.
10. Jiří Kuchař studuje ve škole v Břeclavi.

5. Poslouchejte a zapište, kolik je hodin.
22

1.   4.

2.   5.

3.   6.

🔊 **6. Poslouchejte a čtěte. Změňte hodiny a minuty.**

23

Dialog 1

A: Promiňte, nevíte, v kolik hodin začíná přestávka?

B: V deset hodin třicet minut.

A: A v kolik končí?

B: V deset padesát.

Dialog 2

A: Ahoj, Evo. To jsem já, Adam. Jsi doma?

B: Ne, jsem ve škole. Mám vyučování.

A: Aha. A kdy končíte?

B: V šestnáct čtyřicet pět.

30 třicet	60 šedesát
40 čtyřicet	70 sedmdesát
50 padesát	80 osmdesát
90 devadesát	

21 dvacet jedna	65 šedesát pět
32 třicet dva	76 sedmdesát šest
43 čtyřicet tři	87 osmdesát sedm
54 padesát čtyři	98 devadesát osm

7. Řekněte, kolik je hodin.

a) 6.30 – 7.15 – 9.35 – 10.20 – 11.45 – 13.25 – 15.05 – 17.40 – 21.10 – 23.55

b) 1.11 – 3.16 – 4.28 – 8.12 – 12.19 – 14.33 – 16.47 – 19.23 – 20.53 – 22.59

8. Řekněte, v kolik hodin začíná a končí.

koncert (20–22), diskotéka (19–24), kino (17–23), vyučování (8.15–12.55), fyzika (9.45–10.30), film v televizi (15.35–16.55), přestávka (14.20–14.25), konzultace (17.20–18.50)

9. Poslouchejte a zapište, v kolik hodin začíná a končí.

24

přestávka: film:

vyučování: konzultace:

diskotéka: matematika:

10. Odpovězte na otázky.

1. Jaké máte číslo telefonu? 2. Kolik je hodin? 3. Kolik minut máte čas? 4. Kolik máte korun?
5. V kolik hodin začíná vyučování? 6. V kolik hodin vyučování končí? 7. V kolik hodin začíná přestávka? 8. V kolik hodin přestávka končí?

11. Vyplňte formulář.

Pán (paní, slečna):

Ulice: Číslo: Telefon:

Město: Stát: E-mail:

1. Čtěte tato důležitá telefonní čísla.

Hasiči: 150   Záchranná služba: 155   Policie: 158

Přesný čas: 14 112, Letiště – přílety a odlety: 220 113 314, Program kin: 14 145, Program televize: 14 146, Automobily – pomoc: 1240, Elektřina – poruchy: 12 555

2. Zatelefonujte na informace a zjistěte přesný čas. Čas zapište slovy.

Přesný čas: Je _____

3. Počítejte nahlas.

13 + 12 =	65 + 13 =	45 − 15 =	57 − 17 =
48 + 17 =	77 + 15 =	37 − 21 =	89 − 45 =
54 + 11 =	81 + 18 =	26 − 13 =	77 − 26 =
29 + 16 =	32 + 19 =	98 − 52 =	34 − 14 =
72 + 23 =	17 + 43 =	66 − 33 =	42 − 25 =

4. Přečtěte čas ve světě. Podívejte se na časová pásma na internetu.

Praha Paříž Madrid Berlín	Moskva	Hanoj	Sydney	Havaj	Vancouver	Toronto	Caracas
2.00 hod 7.00 hod 13.00 hod 17.00 hod 23.00 hod	x hodin?	x hodin?	x hodin?	x hodin?	x hodin?	x hodin?	x hodin?

5. Kolik hodin je teď ve vašem státě?

_____

6. Čtěte minidialogy a nahraďte slovo „pardon" jiným slovem.

a)

A: Vaše jméno a příjmení, prosím.

B: **Pardon**, nerozumím. Můžete to zopakovat?

b)

A: **Pardon**, nevíte, jaké telefonní číslo má policie?

B: 158.

c)

A: Dobrý den, máte čas, pane Musile?

B: **Pardon**, nemám čas. Mám vyučování.

7. Změňte minidialog 6 b).

Nevíte, jaké číslo mají: hasiči, záchranná služba, program kin, program televize, letiště?

2. LEKCE

1. Doplňte správné číslo.
(20 bodů, 10 číslovek)

1. jedna, _____, tři, čtyři, _____, šest; 2. pět, deset, _____, dvacet, _____, třicet;

3. sedmdesát, _____, padesát, čtyřicet, _____, dvacet; 4. osmdesát devět, _____,

devadesát jedna, _____, devadesát tři; 5. sedm, čtrnáct, _____, dvacet osm, _____,

čtyřicet dva.

2. Doplňte správnou formu verba.
(20 bodů, 10 verb)

1. Jak se _____, paní? Jmenuji se Zuzana. 2. V kolik hodin _____ přestávka? V 8.45.

3. Rozumíš česky? Bohužel _____. 4. _____ peníze, Adame? Ne, jen deset korun.

5. Ne_____, pane, jaké telefonní číslo mají hasiči? 150. 6. V kolik hodin _____? Končíme

ve tři. 7. _____ tě, můžeš mi to zopakovat? 8. Paní Zemanová _____ jako sekretářka.

9. Iva a Milan _____ medicínu. 10. Jak se _____, Adame? Děkuji, mám se dobře.

3. Napište správnou otázku.
(20 bodů, 10 otázek)

1. _____ ?
   Jsem Marcela. A ty?

2. _____ ?
   Je přesně deset hodin třicet minut.

3. _____ ?
   Mám, ale jen 15 minut.

4. _____ ?
   Jsem Adam Urban.

5. _____ ?
   602 445 703.

6. _____ ?
   Konzultace začíná v 16 hodin.

7. _____ ?
   Nejsem Čech, jsem cizinec.

8. _____ ?
   Jsem taxikář.

9. _____ ?
   To je Smetanova ulice.

10. _____ ?
   Bohužel, nemám hodinky.

◀))) 4. Napište číslo, které jste slyšeli.

25 *(10 bodů, 5 telefonních čísel)*

1.

2.

3.

4.

5.

✎ 5. Vyplňte správně.

(10 bodů, 10 údajů)

Křestní jméno:	Město:
Příjmení:	Stát:
Pohlaví:	Povolání:
Ulice:	Telefonní číslo:
Číslo:	E-mail:

Výsledek: 80–72 je to velmi dobré, 72–56 dobré, 55–0 špatné, studujte a opakujte.

Adame a Evo, kde bydlíte?
Bydlíme v Praze.

🔊 **1. Poslouchejte a čtěte.**
26

A: Jaká je **tvoje** adresa, Adame?
B: Praha 2, Mánesova ulice 88.
A: **Máš** byt nebo dům?
B: **Mám** byt.

A: Jaká je **vaše** adresa, pane Soukupe?
B: Praha 6, Oválová 12.
A: **Máte** byt nebo dům?
B: **Mám** dům.

2. Doplňte.

1. Adam _____ v Praze. 2. Jeho ulice se jmenuje _____.

3. Jeho dům _____ číslo 88. 4. Pan Soukup bydlí také v _____.

5. Jeho dům má _____ 12. 6. Jeho ulice se jmenuje _____.

❂ GRAMATIKA
Rod – posesiva

	Maskulinum	Femininum	Neutrum		Maskulinum	Femininum	Neutrum
já	**můj** byt	**moje** škola	**moje** město	**my**	**náš** byt	**naše** škola	**naše** město
ty	**tvůj** byt	**tvoje** škola	**tvoje** město	**vy**	**váš** byt	**vaše** škola	**vaše** město
on	**jeho** byt	**jeho** škola	**jeho** město	**oni**	**jejich** byt	**jejich** škola	**jejich** město
ona	**její** byt	**její** škola	**její** město				

3. Doplňte posesiva.

1. Jaké je _____ povolání, pane Kvapile? Moje povolání? Jsem taxikář. 2. Adame, _____ byt je v Praze 2 nebo v Praze 9? 3. Kamil má byt v Ostravě. _____ ulice se jmenuje Jiráskova. 4. Jaké máš číslo mobilu? _____ číslo je: 777 120 543. 5. Eva má dům v Praze. _____ dům je v Praze 5.

6. Bydlíme v Praze. _____ ulice se jmenuje Smetanova. 7. Pan Řezáč je ředitel firmy. _____ firma se jmenuje Exportservis. 8. Adam a Eva Urbanovi bydlí v Praze 2. _____ byt je v ulici Mánesova.

9. Studujeme v Praze. _____ univerzita se jmenuje Karlova univerzita. 10. Jaká je _____ adresa? Opletalova 77.

4. Doplňte správné formy verb (pravidelný infinitiv „-it, -et, -ět").

(bydlet, končit, mluvit)

1. Kde _____, Jano? Bydlím v Praze 4. 2. _____ německy, pane Soukupe? Ne, jenom česky.

3. Vyučování _____ v jednu hodinu. 4. Musilovi _____ v Jihlavě. 5. My _____ v Ostravě, ale v Opavě. 6. V kolik hodin _____, paní Říčařová? V pět hodin. 7. Jak _____, Evo? Mluvím česky, anglicky a trochu rusky. 8. Kdo _____ v ulici Mánesova? Adam a Eva Urbanovi.

9. Bohužel _____ anglicky ani francouzsky. 10. Přestávka _____ ve 13.10.

🔊 5. Poslouchejte, pak čtěte, správně vyslovujte.

27

1. Doktorka Hedvika Čechová bydlí v Horově ulici v Chomutově. 2. Michal Holoubek má hotel Horská chata v Harrachově. 3. Helena Chocholoušová studuje hotelovou školu v Hronově. 4. Jejich adresa je: Hana a Honza Váchovi, Hellichova ulice, Praha. 5. Doktor Hrubeš pracuje jako chirurg v Holicích v Čechách. 6. Pan Oldřich Hroch je náš hlavní technik. 7. V Macharově ulici je hodinářství Hrachovec. 8. To je Drahomíra Chmelová, je archivářka a bydlí v Jihlavě. 9. Jáchym Hudeček je hasič v Chuchli. 10. Pan Bohumil Chmelík je architekt a bydlí v Chebu.

6. Poslouchejte a doplňte.

28

A: Omare, bydlíš v koleji nebo v podnájmu?

B: V koleji.

A: Jaké máš _____ pokoje?

B: 25.

A: Tamaro, a kde bydlíš ty?

B: V podnájmu.

A: Jaká je tvoje _____?

B: Staré náměstí 38.

7. Přečtěte si údaje pana Urbana a doplňte tabulku.

Adam Urban – osobní údaje	Moje osobní údaje
Jméno: Adam	Jméno:
Příjmení: Urban	Příjmení:
Stav: ženatý	Stav:
Bydliště: Mánesova 88, Praha 2	Bydliště:
Povolání: pilot	Povolání:
Zaměstnavatel: České aerolinie	Zaměstnavatel:
Číslo telefonu: 603 842 759	Číslo telefonu:
Číslo pasu: 237 459	Číslo pasu:
Číslo účtu: 129 476/0100	Číslo účtu:
Banka: Komerční banka	Banka:

8. Odpovězte na otázky.

1. Kde bydlí Adam Urban? 2. Studuje nebo pracuje? 3. Jaké má povolání? 4. Jak se jmenuje jeho banka? 5. Jaké má číslo telefonu? 6. Je Čech nebo cizinec? 7. Je svobodný, nebo ženatý? 8. Jak se jmenuje ulice, kde bydlí? 9. Má pas? 10. Jaké má číslo pasu?

9. a) Poslouchejte a doplňte. b) Odpovězte na otázky.

29

a) A: Dobrý den, vy jste pan Kolár?

B: Ano, to jsem _____.

b) A: Jste svobodný?

B: Ne, jsem _____.

c) A: Jaká je vaše adresa v České republice?

B: Anglická _____, Karlovy Vary.

d) A: Jste Čech?

B: Ne, nejsem _____, jsem Slovák.

e) A: Jaké máte číslo pasu?

B: _____.

f) A: Kde máte účet?

B: _____.

10. Doplňte vhodná slova.

1. Omar bydlí v koleji. Má _____ číslo 86. 2. Paní Váchová bydlí v Praze.

Má _____ v Praze 6. 3. Filip neví, kolik je hodin. Nemá _____. 4. Adam

má _____ v Komerční bance. 5. Hasiči mají _____ 150. 6. Lenka teď

nemá _____, má vyučování. 7. Eva nemá _____, má jenom 20 korun.

8. Pan Holoubek má _____ v Harrachově. 9. Paní Vykypělová má _____. _____

Světlana. 10. Pan Havlík má _____ číslo 536 914 827.

✎ 11. Přečtěte adresu a napište svou adresu v České republice.

A: **Jaký** je tvůj byt, Adame?
B: **Nový, hezký**, ale **drahý**.

A: **Jaký** je váš byt, pane Musile?
B: **Starý, ošklivý**, ale **levný**.

A: **Jaká** je tvoje zahrada, Heleno?
B: **Malá**, moc malá.

A: A vaše zahrada, paní Kosová?
B: **Velká**, moc velká.

A: **Jaké** je tvoje auto, Kamile?
B: **Nové** a **rychlé**.

A: Jaké je vaše auto, pane Čápe?
B: **Staré** a **pomalé**.

⊕ GRAMATIKA
Rod – adjektiva

Adjektiva		
Maskulinum	**Femininum**	**Neutrum**
hezký byt	**hezká** zahrada	**hezké** auto

1. Doplňte.

(drahý, hezký, levný, malý, nový, ošklivý, pomalý, rychlý, starý)

1. Česká republika je _____ stát. 2. Kamil má _____ auto. 3. Praha je _____

město. 4. Máme _____ dům na Smíchově. 5. To už není moje číslo. Mám _____

telefonní číslo. 6. Mercedes je _____ auto. 7. Pan Musil má _____ byt. 8. Pan Čáp

má _____ auto. 9. Pan Soukup má _____ dům. 10. Naše ulice je _____ .

2. Doplňte „hezký, hezká, hezké".

1. _____ řeka; 2. _____ nádraží; 3. _____ muž; 4. _____ jméno;

5. _____ hotel; 6. _____ modelka; 7. _____ film; 8. _____

restaurace; 9. _____ kino; 10. _____ program

3. Utvořte věty s výrazy ze cvičení 2.
Vzor: *hezké auto → Kamil má hezké auto.*

◀)) 4. Poslouchejte, čtěte a správně vyslovujte.
30

1. Pan Baudyš je automechanik ve firmě Autocentrum. 2. Paní Laura Paulů je restaurátorka.
3. Ve škole máme automat na kávu. 4. Inženýr Merhaut je auditor v Komerční bance.
5. Jarmila pracuje v restauraci U Krausů. 6. Mám auto v autoservisu.
7. V kolik hodin je pauza? 8. V Praze 1 je Klausová synagoga.
9. Václav Havel je autor dramatu Audience. 10. Pan Laurich je řidič autobusu.

5. Upravte dialogy.

A: Ahoj, jak se máš?
B: Dvořákova.
A: Jaká je teď tvoje adresa?
B: Dvořákova 33.
A: Promiň, nerozumím. Jak se jmenuje ta ulice?
B: Mám se dobře.

A: Vaše příjmení, prosím.
B: Ženatý.
A: Vaše bydliště, prosím.
B: Machek.
A: Váš stav, prosím.
B: Havlíčkova 44.

tričko

šaty

kabát

svetr

boty

sukně

sako

taška

bunda

košile

hnědý
oranžový
žlutý
černý
modrý
červený
šedý
růžový
bílý
fialový
zelený

6. Odpovězte a doplňte barvy u obrázků.

1. Jaký je ten kabát? (modrý) 2. Jaký je ten svetr? (zelený) 3. Jaká je ta bunda? (hnědá)
4. Jaká je taška? (černá) 5. Jaká je ta košile? (růžová) 6. Jaká je ta sukně? (fialová)
7. Jaké je to tričko? (oranžové)? 8. Jaké je to sako? (červené) 9. Jaké jsou ty šaty? (žluté)
10. Jaké jsou ty boty? (bílé)

7. Odpovězte.

1. Jaká je vaše košile? 2. Jaký je váš svetr? 3. Jaké je vaše auto? 4. Jaké jsou vaše boty? 5. Jaké je vaše tričko? 6. Jaké je vaše sako? 7. Jaký je váš telefon? 8. Jaké jsou vaše hodinky? 9. Jaká je vaše taška? 10. Jaký je váš kabát?

8. Poslouchejte a doplňte adjektiva.

31

1. Adam má nové _____ auto. 2. Eva má hezký _____ svetr. 3. Paní Váchová má nové _____ sako. 4. Pan Merhaut má hezké _____ boty. 5. Světlana má starý _____ byt. 6. Soukupovi mají starý _____ dům. 7. Tomáš má hezké _____ tričko. 8. Paní Chmelařová má drahé _____ boty.

9. Doktor Hrubeš má nový _____ kabát. 10. Naše profesorka má nové _____ hodinky.

> Moje auto **se mi líbí**. = Je hezké.
>
> Moje auto **se mi nelíbí**. = Je ošklivé.

9. Odpovězte.

Vzor: *Adame, líbí se ti tvoje auto? (ano) → Ano, líbí se mi. / Moje auto se mi líbí.*
Pane Čápe, líbí se vám vaše auto? (ne) → Ne, nelíbí se mi. / Moje auto se mi nelíbí.

1. Evo, líbí se ti Praha? (ano) 2. Paní Kosová, líbí se vám vaše město? (ano) 3. Pane Soukupe, líbí se vám váš dům? (ne) 4. Adame, líbí se ti Karlovo náměstí? (ne) 5. Kláro, líbí se ti naše zahrada? (ano) 6. Pane Dokoupile, líbí se vám vaše ulice? (ne) 7. Paní Dvořáková, líbí se vám ty červené šaty? (ano) 8. Omare, líbí se vám v České republice? (ano) 9. Pane doktore, líbí se vám ty hnědé boty? (ne) 10. Zuzano, líbí se ti ta modrá sukně? (ne)

10. Vyplňte anketu.

Co se vám líbí? / Co se ti líbí?

1. Líbí se mi _____ barva.

2. Líbí se mi město _____.

3. Líbí se mi auto _____.

4. Líbí se mi mobil _____.

5. Líbí se mi _____.

C. Kolik to stojí?

◀))) 1. Poslouchejte a opakujte.
32

A

Prodavačka:	Dobrý den.
	Co si přejete, prosím?
Zákazník:	Kolik stojí tahle
	modrá košile?
Prodavačka:	600 korun. Líbí se vám?
Zákazník:	Ano, ale bohužel je moc drahá.

B

Eva:	Adame, co říkáš? Jsou hezké
	tyhle červené šaty?
Adam:	Jo, líbí se mi. Kolik stojí?
Eva:	960 korun.
Adam:	Nejsou moc drahé?!

100 sto	600 šest set	157 sto padesát sedm
200 dvě stě	700 sedm set	384 tři sta osmdesát čtyři
300 tři sta	800 osm set	521 pět set dvacet jedna
400 čtyři sta	900 devět set	714 sedm set čtrnáct
500 pět set	1000 tisíc	999 devět set devadesát devět

2. Obměňujte dialogy ve cvičení 1 A nebo B.

725 korun, 1454 korun, 896 korun, 637 korun, 918 korun, 573 korun, 985 korun, 643 korun, 1379 korun, 1115 korun

3. Počítejte nahlas.

130 + 219 =	650 + 315 =	450 – 150 =	578 – 170 =
480 + 319 =	770 + 514 =	371 – 210 =	898 – 450 =
540 + 126 =	810 + 180 =	268 – 130 =	763 – 260 =
290 + 167 =	320 + 678 =	982 – 520 =	347 – 145 =
720 + 230 =	172 + 430 =	666 – 330 =	425 – 255 =

➔ GRAMATIKA
Rod a číslo – demonstrativa

Maskulinum	Femininum	Neutrum
singulár		
tenhle kabát	**tahle** bunda	**tohle** tričko
plurál		
tyhle boty		

4. Doplňte „tenhle, tahle, tohle, tyhle".

a) Líbí se mi: _____ starý dům, _____ žluté tričko, _____ červené auto,

_____ velká zahrada, _____ šedá sukně, _____ nové náměstí,

_____ malá restaurace, _____ černá taška, _____ modrý kabát, _____ hnědé boty.

b) Nelíbí se mi: _____ velký byt, _____ zelené sako, _____ fialová barva,

_____ starý mobil, _____ drahá bunda, _____ ošklivé nádraží,

_____ růžová košile, _____ malé město, _____ české jméno, _____ telefonní číslo.

🔊 5. Poslouchejte, čtěte a správně vyslovujte.

33

1. Vojtěch Franěk bydlí v Náchodě. 2. Štěpánka **Ně**mečková vám **dě**kuje za pomoc. 3. Luděk studuje na univerzitě v **Ně**mecku. 4. **Tě**šitelovi mají dům v Jičíně, ale bydlí v byt**ě** v **Dě**číně. 5. Matěj Hoděk má autoservis v **Tě**šíně. 6. Anděla pracuje na pošt**ě** v Kladn**ě**. 7. **Tě**ší nás, že bydlíme v hotelu Purky**ně** v Poděbradech. 8. Paní Hn**ě**vsová pracuje na zahrad**ě** na chat**ě**. 9. Vladěna d**ě**lá sekretářku na technologické fakult**ě** ve Zlíně. 10. Metod**ě**j Potěšil má nové hn**ě**dé auto.

6. Hledejte jména barev. Která barva chybí?

M	A	M	L	Š	Y	Ž	Š	S	L	D	F	F	Z	H	C
O	E	Č	E	R	V	E	N	Á	P	M	I	V	S	L	P
D	K	S	P	Č	D	Y	L	D	O	Č	A	C	V	S	T
R	L	V	I	Á	S	Z	K	R	Z	E	L	E	N	Á	H
Á	V	D	T	R	Ů	Ž	O	V	Á	R	O	T	Á	D	N
B	H	G	R	Ř	F	R	J	H	V	N	V	R	I	G	Ě
C	U	H	W	Š	R	T	B	Í	L	Á	Á	S	U	Y	D
D	M	J	Y	Ě	C	B	H	M	Á	Č	Ž	L	U	T	Á

📑 7. Čtěte a odpovězte na otázky.
💬

a) Sally je Američanka. Teď bydlí v Praze. Její adresa je Dubová 543, Praha 6-Nebušice.
   Sally nepracuje. Je doma. Je vdaná. Její manžel je manažer v bance v Praze 1.
   Sally mluví jen anglicky.

b) Omar je Tunisan. Bydlí teď v Poděbradech v koleji v pokoji číslo 25. Jeho adresa je
   Opletalova ulice 777. Omar je ještě svobodný. Omar je student. Učí se česky. Mluví arabsky,
   francouzsky a trochu anglicky.

c) Tamara je Ruska. Bydlí v podnájmu na Starém náměstí 38. Tamara je svobodná. Studuje
   medicínu na Karlově univerzitě. Mluví dobře česky.

1. Kdo mluví dobře česky? 2. Kdo nemluví česky? 3. Kdo bydlí v Praze 6? 4. Kde bydlí Omar?
5. Bydlí Tamara v koleji? 6. Je Omar ženatý? 7. Je Tamara vdaná? 8. Je Sally vdaná?
9. Co studuje Tamara? 10. Kde pracuje Sally?

8. Poslouchejte. Číslovku napište.

34

Kolik stojí?

1. hodinky: _____

2. mobilní telefon: _____

3. růžové šaty: _____

9. Doplňte.

1. _____ máš číslo telefonu? 261 538 704. 2. _____ se jmenuje váš manžel, paní Čermáková?

Štěpán. 3. _____ stojí tenhle černý svetr? 980 korun. 4. _____ bydlíš, Evo? V Praze 2.

5. _____ pracujete, pane Merhaute? V bance. 6. _____ barva se ti líbí, Adame? Modrá.

7. _____ se máte, paní Urbanová? Dobře. 8. _____ začíná přestávka, Tamaro? V 11.45.

9. _____ šaty má Eva? Červené. 10. _____ je hodin? Přesně osm.

10. Odpovězte, kolik stojí.

nové tričko: _____

nové boty: _____

nová košile: _____

nové sako: _____

nová bunda: _____

1. Čtěte a doplňte PSČ. Pracujte s internetem.

A: Adame, prosím tě, co znamená PSČ?
B: Poštovní směrovací číslo.
   Například Praha 2 má poštovní směrovací číslo 120 00.

1. Praha 6: _____ ; 2. Jihlava: _____ ; 3. Hradec Králové: _____ ;

4. Ostrava: _____ ; 5. Olomouc: _____ ; 6. Zlín: _____ ; 7. Pardubice: _____ ;

8. Liberec: _____ ; 9. Šumperk: _____ ; 10. Znojmo: _____

2. Hláskujte podle modelu.

a)
A: Vaše příjmení, prosím.
B: Chmelík.
A: Jak se to píše, prosím?
B: cé – há – em – krátké e – el –
   měkké dlouhé i – ká.

b)
A: A ještě bydliště, prosím?
B: Potůčky.
A: Prosím? Můžete to hláskovat?
B: pé – o – té – u s kroužkem – cé s háčkem –
   ká – krátké tvrdé y.

Hláskujte, prosím:
a) Vyšehrad, Stodůlky, Podhoří, Ruzyně, Záběhlice
b) Bedřich, Vítězslav, Spytihněv, Jenůfa, Oldřiška

3. Hláskujte své křestní jméno a příjmení.

4. Čtěte zkratky a určete, co znamenají.

ČR	Spojené státy americké
EU	Ministerstvo zahraničních věcí
ČVUT	Ústav jazykové a odborné přípravy
UK	Poštovní směrovací číslo
ÚJOP	Ministerstvo školství, mládeže a tělovýchovy
VŠE	České vysoké učení technické
MZV	Evropská unie
MŠMT	Univerzita Karlova
USA	Česká republika
PSČ	Vysoká škola ekonomická

💬 **5. Čtěte české elektronické adresy.**

@ = zavináč   **.** = tečka

a) jana.simkova@seznam.cz
b) info@gtsnovera.cz
c) judr.cermak@volny.cz
d) cerna@wiass.cz
e) stejskal@ujop.cuni.cz

Máte e-mail?

6. Napište e-mailovou adresu.

_____

7. Přečtěte e-mailovou adresu.

_____

1. Doplňte posesiva.
(10 bodů, 10 posesiv)

1. Ahoj, Adame, tohle je _____ žena Kamila. Kamilo, tohle je Adam. 2. Jaká je _____

adresa, paní Němcová? Jiráskova 78. 3. Jaké je _____ auto, Roberte? Je červené.

4. Jak se jmenuje _____ ulice, Adame a Evo? 5. _____ ulice se jmenuje Mánesova.

6. Paní Kosová, líbí se vám _____ město? 7. Sally je vdaná. _____ manžel pracuje v bance.

8. Kvapilovi mají nový byt. _____ byt je moc hezký. 9. Viktor má nový mobil. _____ číslo je

777 122 123. 10. Máme dům v Praze 6. _____ dům je v Oválové ulici.

2. Doplňte správné slovo.
(20 bodů, 10 slov)

1. Eva je Češka. _____ v Praze. 2. Její _____ je Mánesova 88. 3. Eva _____ vdaná.

4. Její _____ se jmenuje Adam. 5. _____ jako pilot. 6. Eva _____ na univerzitě.

7. Ta univerzita se _____ Karlova univerzita. 8. Eva a Adam _____ nové auto.

9. _____ auto má číslo 5A2 3506. 10. Je hezké a _____.

3. Upravte správně tento dialog.
(20 bodů, 10 vět)

A: Příjmení, prosím.   B: Jedno ef a dvě en.
A: Vaše bydliště.   B: Hofmann.
A: Jak se to píše?   B: Automechanik.
A: Vaše povolání, prosím.   B: Okružní 12, Litoměřice.
A: Telefonní číslo, prosím. B: 535 624 209.

A: B:
A: B:
A: B:
A: B:
A: B:

◀)) **4. Poslouchejte a napište, kolik stojí**
35 *(10 bodů, 5 věcí)*

1. modré tričko: _____

2. červené šaty: _____

3. žlutý svetr: _____

4. černá taška: _____

5. bílá košile: _____

◀)) **5. Napište správně údaje, které jste slyšeli.**
36 *(20 bodů, 10 údajů)*

Křestní jméno: Křestní jméno:

Příjmení: Příjmení:

Povolání: Povolání:

Stav: Stav:

Adresa: Adresa:

Výsledek: 80–72 je to velmi dobré, 72–56 dobré, 55–0 špatné, studujte a opakujte.

Co Eva obyčejně dělá?

V 7 hodin ráno vstává.

V 7 hodin 30 minut snídá.

V 10 hodin dopoledne je ve škole a studuje.

V poledne obědvá.

Ve 3 hodiny odpoledne studuje v knihovně.

V 5 hodin odpoledne nakupuje.

V 7 hodin večer večeří.

V 9 hodin večer se dívá na televizi nebo si čte.

O půlnoci chodí spát.

V 1 hodinu v noci už spí.

💬 1. Odpovězte podle textu.

1. V kolik hodin Eva snídá? 2. V kolik hodin obědvá? 3. V kolik hodin večeří? 4. V kolik hodin nakupuje? 5. V kolik hodin si čte? 6. V kolik hodin vstává? 7. V kolik hodin chodí spát? 8. Co dělá v jednu hodinu v noci? 9. Co dělá v deset hodin dopoledne? 10. Co dělá ve tři hodiny odpoledne?

➔ GRAMATIKA
Verbum: pravidelný infinitiv „-at" – prézens

Já: Vstáv**ám** v 7 hodin ráno.	**My:** Vstáv**áme** v 5 hodin ráno.
Ty: Vstáv**áš** v 8 hodin ráno.	**Vy:** Vstáv**áte** v 9 hodin ráno.
On / Ona: Vstáv**á** v 6 hodin ráno.	**Oni:** Vstáv**ají** ve 4 hodiny ráno.

2. Doplňte správné formy verb (infinitiv „-at").

(dělat, dívat se, obědvat, snídat, vstávat)

1. Co _____, pane Kvapile? Jsem architekt. 2. Adam _____ v 6 hodin ráno, Eva _____

v 7 hodin ráno. 3. Co děláš večer? Večer se _____ na televizi. 4. Co _____ odpoledne,

Roberte? Jsem v knihovně a studuju. 5. V kolik hodin snídáte? My _____ v 6 hodin ráno.

6. Kdy _____ Eva a Martina? Ve 12 hodin. 7. Urbanovi se _____ na film.

8. Ráno _____, protože nemám čas. 9. Kdy ráno vstáváte? _____ v 5 hodin.

10. Pan Kos _____ v poledne v restauraci.

⌓ 3. Řekněte, co děláte vy.

1. V kolik hodin vstáváte? 2. V kolik hodin snídáte? 3. V kolik hodin obědváte? 4. V kolik hodin
večeříte? 5. V kolik hodin nakupujete? 6. V kolik hodin se díváte na televizi? 7. V kolik hodin si čtete?
8. V kolik hodin chodíte spát? 9. V kolik hodin začíná vyučování? 10. V kolik hodin končí vyučování?
11. V kolik hodin je přestávka?

◀)) 4. Poslouchejte, pak čtěte, správně vyslovujte.
37

1. František **Di**viš pracuje odpoledne v **k**nihovně. 2. Ha**ní**kovi bydlí na náměs**tí** v Chru**di**mi.
3. To je naše profesorka pa**ní** Vla**di**míra Navrátilová. 4. Ve tři ho**di**ny odpoledne má Je**ník** angličti**tinu.
5. Mar**tin** necho**dí** na vyučování. 6. Moje auto ne**ní** na parkoviš**ti** v Hla**dí**kově ulici. 7. Ra**di**m pracuje
na letiš**ti** v Praze-Ruzy**ni**. 8. **N**ina **Ti**chá se **dí**vá večer na televizi. 9. Pan Sa**dí**lek pracuje jako zahrad**ník**
v **Ti**šnově. 10. Zava**di**lovi mají chatu v Dol**ní**m Jiřetíně.

🔊 5. Poslouchejte a doplňte, v kolik hodin.

38

Jiří vstává: Lenka večeří:

Markéta snídá: Roman se dívá na televizi:

Martina obědvá: Kamil chodí spát:

⊖ GRAMATIKA
Verbum: nepravidelný infinitiv – typ „číst, psát" – prézens

Já: Čt**u** text. / Píš**u** text.	**My:** Čt**eme** rychle. / Píš**eme** rychle.
Ty: Čt**eš** e-mail. / Píš**eš** e-mail.	**Vy:** Čt**ete** pomalu. / Píš**ete** pomalu.
On / Ona: Čt**e** dopis. / Píš**e** dopis.	**Oni:** Čt**ou** esemesky. / Píš**ou** esemesky.

💬 6. Podívejte se na obrázek A a odpovězte.

Co právě teď dělají?

1. Tomáš a Kamil 2. Martin 3. Jana 4. Robert 5. Jiří a Pavel 6. Šárka 7. Klára 8. Helena

7. Podívejte se na obrázek B a odpovězte: Je to pravda, nebo to není pravda?

1. Jana pracuje na počítači.
2. Jiří a Pavel hrajou šachy.
3. Robert poslouchá cédéčko.
4. Klára si čte časopis.

5. Šárka si čte noviny.
6. Martin píše dopis.
7. Helena něco hledá v knihovně.
8. Tomáš a Kamil se dívají na televizi.

8. Odpovězte.

a) Co obyčejně děláte večer?
b) Co děláte právě teď?

Co dělá Eva celý týden?

Pondělí		V pondělí studuje angličtinu.
Úterý		V úterý hraje doma na klavír.
Středa	Pracovní den	Ve středu chodí do kina. Je tam filmový klub.
Čtvrtek		Ve čtvrtek hraje volejbal.
Pátek		V pátek chodí na koncert nebo na diskotéku.
Sobota	Volný den	V sobotu jezdí odpočívat na chatu.
Neděle	Víkend	V neděli se vrací domů.

1. Přečtěte a odpovězte na otázky.

a) 1. Co dělá Eva v úterý? 2. Co dělá v pátek? 3. Co dělá v pondělí? 4. Co dělá ve středu?
5. Co dělá ve čtvrtek? 6. Co dělá o víkendu?

b) 1. Kdy Eva hraje volejbal? 2. Kdy hraje doma na klavír? 3. Kdy má angličtinu? 4. Kdy chodí
do kina? 5. Kdy chodí na koncert? 6. Kdy jezdí na chatu? 7. Kdy se vrací domů?

2. Poslouchejte a doplňte.

39

Angličtina v pondělí začíná v _____ a končí v _____ .

Vyučování v úterý začíná v _____ a končí v _____ .

Filmový klub ve středu začíná v _____ a končí v _____ .

Volejbal ve čtvrtek začíná v _____ a končí v _____ .

Koncert v pátek začíná v _____ a končí ve _____ .

3. Přečtěte dialog a změňte tučný text.

A: Haló,... haló, **Evo**, slyšíš mě?

B: Ano, **Marto**, slyším tě dobře.

A: Máš dnes večer čas?

B: Co je dneska za den? Aha, **čtvrtek**. Odpoledne mám
volejbal, ale končíme v **7** hodin. Pak mám volno.

A: Kde máš volejbal?

B: **V Podolí**.

A: Dobře. Sejdeme se tam v **7.10.**

B: Fajn. Zatím se měj.

A: Ty taky.

4. Utvořte a napište věty.

1. středa – ve – Kamil – šachy – Matěj – hrát – a
2. vracet se – (já) – úterý – v – v – poledne
3. Královi – chata – pátek – jezdit – v – odpoledne – na
4. v – dívat se – televize – sobota – na – večer – (my)
5. sejít se – čtyři – ve – hodiny – na – náměstí – v – pondělí – (my)

5. Čtěte a pak doplňte.

a) Jarmila je programátorka. Bydlí v Praze a pracuje ve firmě Net. Do práce jezdí autobusem a metrem. Každý pracovní den začíná pracovat v 8 hodin a končí v 16.30. V poledne má 30 minut přestávku. V pracovní dny vstává v 7 hodin a chodí spát v 11 hodin večer. V sobotu a v neděli má volno. V sobotu dopoledne dlouho spí, pak nakupuje a večer chodí tancovat. Vrací se domů moc pozdě, někdy až ve 3 hodiny v noci. V neděli doma odpočívá.

b) Karel je hasič. Pracuje a bydlí v Brně. Do práce chodí pěšky. Pracuje dvacet čtyři hodin. Začíná v sedm hodin ráno a druhý den v sedm ráno končí. Potom má celý den volný. Když pracuje v sobotu a v neděli, má volno dva dny. Každý den vstává v šest hodin. Když nepracuje, chodí spát tak asi v deset hodin. Když má volno, sportuje. Chodí plavat nebo jezdí na kole. Večer se dívá na televizi nebo poslouchá rádio.

a) 1. Jarmila _____ v Praze. 2. Do práce _____ autobusem a metrem. 3. Pracuje každý

_____ den. 4. Pracuje _____ hodin, ale v poledne má přestávku 30 minut. 5. V pracovní dny

_____ spát v 11 hodin večer. 6. V sobotu _____ pozdě. 7. V sobotu _____ chodí tancovat.

8. Vrací se _____ v noci. 9. Chodí spát ve _____ hodiny v noci. 10. V _____ nic nedělá.

b) 1. Karel je _____ . 2. Do práce _____ autobusem, ale chodí pěšky. 3. Jeden den pracuje

a jeden má _____ . 4. Začíná pracovat v _____ hodin ráno. 5. Když pracuje o víkendu, má

volno _____ dny. 6. Každý den _____ v šest hodin. 7. Chodí spát v _____ hodin.

8. Když má volno, _____ na kole. 9. Karel _____ tancovat. 10. Večer se dívá na televizi

nebo _____ rádio.

🔊 6. Poslouchejte a doplňte minidialogy.
40

a) A: Máš ve středu vyučování?

B: Ano, celé _____ .

b) A: Slyšíte mě _____ ?

B: Bohužel, slyším vás špatně.

c) A: Tak, kdy se sejdeme?

B: V pátek _____ .

d) A: Sportujete, pane Musile?

B: Ano, o _____ jezdím na kole.

e) A: Heleno, v kolik hodin začínáš pracovat?

B: V _____ hodin.

f) A: Chodíte do práce pěšky?

B: Ne, jezdím _____ .

🔊 7. Poslouchejte, pak čtěte, správně vyslovujte.
41

1. Pan Vlk vstává ve čtvrtek brzo ráno. 2. Petr Hrstka bydlí v Plzni blízko nádraží. 3. Paní Mlčochová
pracuje ve Vrchlabí jako zmrzlinářka. 4. Jeho bratr je psychiatr v Krnově. 5. Pan Plný pracuje a bydlí
v Brně-Bystrci.

8. Utvořte otázky.

1. A: _____ ?
   B: V 7 hodin ráno.

2. A: _____ ?
   B: Je 11 hodin třicet minut.

3. A: _____ ?
   B: Dnes je čtvrtek.

4. A: _____ ?
   B: V pátek.

5. A: _____ ?
   B: Červené.

6. A: _____ ?
   B: 650 korun.

7. A: _____ ?
   B: Ano, ten svetr se mi moc líbí.

8. A: _____ ?
   B: To je Masarykova ulice.

9. A: _____ ?
   B: Ne, jsem svobodný.

10. A: _____ ?
    B: Ano, jezdím na kole a chodím plavat.

9. Odpovězte.

a) Který den je dnes?
b) Kdy máte volno?

Adame, **jak často** hraješ tenis? Jednou za týden.
A **jak dlouho** hraješ tenis? Jednu hodinu.

1. Odpovězte na anketu „Volný čas".

1. Jak často se díváte na televizi:
    a) každý den
    b) třikrát za týden
    c) jen v sobotu a v neděli
    d) nikdy

2. Jak často posloucháte rádio (rozhlas):
    a) každý den
    b) třikrát za týden
    c) jen v sobotu a v neděli
    d) nikdy

3. Jak často si čtete:
    a) každý den
    b) několikrát za měsíc
    c) několikrát za rok
    d) nikdy

4. Jak často chodíte do kina:
    a) jednou za týden
    b) jednou za měsíc
    c) několikrát za rok
    d) nikdy

5. Jak často chodíte do divadla:
    a) jednou za týden
    b) jednou za měsíc
    c) několikrát za rok
    d) nikdy

6. Jak často chodíte na koncert:
    a) jednou za týden
    b) jednou za měsíc
    c) několikrát za rok
    d) nikdy

7. Jak často chodíte na výstavu:
    a) jednou za týden
    b) jednou za měsíc
    c) několikrát za rok
    d) nikdy

8. Jak často chodíte na procházku:
    a) každý den
    b) jen v sobotu a v neděli
    c) několikrát za rok
    d) nikdy

9. Jak často jezdíte na výlet:
    a) jednou za týden
    b) jednou za měsíc
    c) několikrát za rok
    d) nikdy

10. Jak často jezdíte na chatu:
    a) každý týden o víkendu
    b) jednou za měsíc
    c) několikrát za rok
    d) nikdy

2. Doplňte správné číslovky.

1. Jedna minuta je _____ sekund. 2. Jeden den je _____ hodin. 3. Jeden týden je _____ dnů.

4. Jeden rok je _____ měsíců, _____ týdnů, _____ dnů. 5. Jeden měsíc jsou _____ týdny.

6. Jedna hodina je _____ minut, _____ sekund.

3. Poslouchejte, jak často sportují tyto osoby.

42

Eva hraje volejbal: Mirka hraje basketbal:
Adam hraje tenis: Tomáš hraje hokej:
Luděk hraje fotbal: Kamil jezdí na kole:

4. Poslouchejte, pak čtěte, správně vyslovujte.

43

1. Slečna **Di**ta Hla**dí**ková hraje v **di**vadle **Di**sk. 2. Anto**ní**n **Ni**grin studuje na Tech**ni**cké u**ni**verzitě v Liberci. 3. Pan **Ti**cháček je sociálnědemokra**ti**cký poli**ti**k. 4. Orchestr České filharmo**ni**e hraje symfo**ni**e v Obec**ní**m domě. 5. Ten me**di**k cho**dí** v sobotu tancovat na **di**skotéku. 6. Pan doktor Zava**di**l dnes nemá or**di**nační ho**di**ny. 7. Vlas**ti**mil pracuje jako informa**ti**k v Hloubě**tí**ně. 8. Vero**ni**ka má speciál**ní** boty na te**ni**s. 9. Mar**ti**na ak**ti**vně sportuje, dělá atle**ti**ku.

5. Čtěte a změňte tučný text.

A: Promiň, nevíš, v kolik hodin začíná **přestávka**?
B: **V deset hodin třicet minut**.
A: A jak dlouho trvá?
B: **Deset minut**.

a) film – 20.30 – 2 hodiny; b) odpolední vyučování – 14.05 – 90 minut;
c) televizní seriál – 19.50 – 25 minut; d) test z češtiny – 9.40 – 45 minut; e) hokej – 17.15 – 60 minut

6. Odpovězte.

1. Banka otvírá v 9 hodin ráno a zavírá ve 13 hodin. Jak dlouho má banka otevřeno?
2. Bar otvírá v 16 hodin a zavírá ve 2 hodiny v noci. Jak dlouho má bar otevřeno?
3. Pošta otvírá v 8 hodin a zavírá v 18 hodin. Jak dlouho má pošta otevřeno?
4. Hypermarket otvírá v 7 hodin ráno a zavírá ve 20 hodin večer. Jak dlouho má hypermarket otevřeno?
5. Kolej otvírá v 6 hodin ráno a zavírá ve 24 hodin. Jak dlouho má kolej otevřeno?

7. Spojte otázky a odpovědi.

1. Který den je dnes?
2. Kdy chodíš na procházku?
3. Jak se jmenuje váš ředitel?
4. Jak dlouho máš čas?
5. Kde bydlíte?
6. Líbí se ti naše město?
7. Kdy se sejdeme?
8. Jak často jezdíte na výlet?
9. Jaké číslo má tvůj pokoj?
10. Jaké je vaše povolání, prosím?

a) Jan Novák.
b) Jsem ekonom v Komerční bance.
c) Dnes je středa.
d) Sejdeme se v pátek v pět odpoledne.
e) V 7 večer.
f) Na výlet jezdíme jednou za měsíc.
g) Jen deset minut.
h) Dlouhá ulice, číslo 38.
i) Ano, moc.
j) Bydlím v čísle 312.

8. Doplňte vhodné verbum v 1. osobě sg. (já).

Vzor: *(Být) studentka. → Jsem studentka.*

1. (Pracovat) jako asistentka ve firmě Elektroinstalace. 2. Obyčejně (vstávat) v 6.30. 3. (Snídat) v 7 hodin. 4. Do práce (jezdit) na kole. 5. Moje cesta do práce na kole (trvat) asi 15 minut. 6. V 7.30 (začínat) pracovat. 7. V poledne (mít) 30 minut přestávku na oběd. 8. V práci (končit) v 16.00 hod. 9. Potom (chodit) nakupovat, dvakrát za týden v úterý a ve čtvrtek (chodit) plavat. 10. Domů (vracet se) v 18 hodin.

9. Přečtěte si reklamy a ptejte se ve dvojicích na různé informace.

Vzor: *Kdy otevírá Nádražní restaurace v pondělí? Otevírá v 6 hodin.*

Nádražní restaurace
otevřeno:

Pondělí–Pátek:	6.00–19.00
Sobota:	8.00–20.00
Neděle:	10.00–19.00

Restaurace Věra
otevřeno:

Pondělí–Čtvrtek:	10.00–22.00
Pátek:	10.00–24.00
Sobota:	10.30–24.00
Neděle:	zavřeno

10. Odpovězte.

a) Jak často studujete češtinu?
b) Jak dlouho studujete češtinu?

1. Jak zdravíme. Doplňte minidialogy.

(dobrý den, dobré ráno, dobré odpoledne, dobrý večer, dobrou noc, ahoj, tak ahoj, nashledanou v pátek, hezký víkend, mějte se hezky)

A: _____. Jak se máš?

B: Docela dobře. A ty?

A: Už je 1 hodina. Je pozdě. Jdeme spát.

B: _____.

A: Vážené dámy a pánové. Začíná náš večerní

program. Přeji vám _____.

A: Sejdeme se večer v 8 hodin na náměstí.

B: _____.

A: Dobře. Sejdeme se v pátek v deset hodin.

B: Ano. _____.

A: _____, Jano. Už je 7 hodin. Vstáváme.

B: _____, mami.

A: Je pátek večer a naše rádio Frekvence I

vám přeje _____.

A: _____. Co si přejete, prosím?

B: _____. Kolik stojí tenhle černý svetr?

A: Na shledanou. _____.

B: Na shledanou. Vy také.

A: Je 13 hodin. _____, vážení posluchači.

Začíná náš odpolední program.

2. Přečtěte si věty a doplňte tabulku.

1. Olga není Ruska a nehraje tenis.
2. Tamara je architektka.
3. Věra je Slovenka a hraje basketbal.
4. Marta cvičí aerobik.
5. Češka nehraje tenis ani basketbal.

6. Olga je sekretářka a hraje volejbal.
7. Slovenka je advokátka.
8. Ukrajinka hraje volejbal.
9. Profesorka cvičí aerobik.
10. Ruska je architektka a hraje tenis.

Jméno	Národnost	Povolání	Sport
Olga			
Tamara			
Věra			
Marta			

3. Počítejte nahlas.

12 × 2 =	3 × 13 =	240 + 28 =	912 − 19 =
8 × 7 =	7 × 5 =	379 − 11 =	880 + 65 =
50 × 10 =	81 × 2 =	130 + 85 =	770 − 305 =
6 × 3 =	32 × 7 =	89 − 50 =	348 + 142 =
12 × 4 =	17 × 3 =	660 + 43 =	420 − 250 =

◀)) 4. Poslouchejte a odpovězte.
44

1) Mluví spolu: a) 2 osoby
                             b) 3 osoby
                             c) 4 osoby

2) Mluví spolu: a) ráno
                             b) odpoledne
                             c) večer

3) Mluví spolu: a) v restauraci
                             b) v bance
                             c) na ulici

⬭ 5. Popište obrázek B ze cvičení 7 4. lekce A.*

1. Doplňte správné verbum.
(20 bodů, 10 slov)

1. Pan Řehák _____ ředitel firmy Exportservis. 2. Každý den _____ v 7 hodin ráno.

3. Do práce _____ autem. 4. _____ pracovat v osm hodin. 5. _____ ve 13 hodin

v restauraci. 6. Domů _____ v 19 hodin. 7. V 19.30 _____ . 8. Po večeři _____

na procházku. 9. Potom _____ na televizi. 10. Ve 23 hodin _____ spát.

2. Doplňte správné tázací slovo.
(10 bodů, 10 slov)

1. _____ dělá Eva o víkendu? Odpočívá. 2. _____ jezdíte nakupovat? V sobotu dopoledne.

3. _____ se sejdeme? Na Hlavním nádraží. 4. _____ den je dnes? Středa. 5. _____ chodíš

spát? O půlnoci. 6. _____ stojí tyhle šaty? 1200 korun. 7. _____ se máte, pane Urbane?

Docela dobře. 8. _____ číslo má váš pokoj? 110. 9. _____ chodíte na koncert? Jednou za rok.

10. _____ máte byt? Starý a ošklivý.

◀)) 3. Poslouchejte a dokončete minidialogy.
45 *(30 bodů, 6 vět, 1 věta správně = 5 bodů)*

A: Dobrý den. Co si přejete, prosím?
B: Dobrý den. Kolik stojí tyhle červené šaty?

A: _____

A: Ahoj. Nevíš, v kolik hodin teď začíná vyučování?
B: V 11.15.

A: Aha, _____

A: Prosím, vaše křestní jméno a příjmení.
B: Promiňte, nerozumím.

A: _____ ?

A: Dnes už končíme.
B: Dobře. Tak na shledanou v pátek.

A: _____

A: Dobrý den, to je náš ředitel pan Viktor Musil.
B: Moc mě těší, pane řediteli.

C: _____

A: Prosím tě, jaká je teď tvoje nová adresa?
B: Dvořákova 19.

A: _____

✎ **4. Dopište na pohlednici 10 slov.**
(20 bodů, 10 slov)

Milá Květo,

jsme teď v Harrachově
na chatě. Je tady hezky. Každý
den ....
....
....
....
....

Srdečně zdraví
Tvoje kamarádka Martina

Slečna

Květa Novotná

Jižní 870

Hradec Králové

5 0 0 0 3 |||

42

Výsledek: 80–72 je to velmi dobré, 72–56 dobré, 55–0 špatné, studujte a opakujte.

A. Kolikátý, kolikátá, kolikáté?

◄))) 1. Poslouchejte, čtěte a odpovídejte na otázky.
46

💬 a) Nguyen je v České republice **první** den.
b) Yasmina je v České republice **třetí** týden.
c) Manuel je v České republice **pátý** měsíc.
d) Tamara je v České republice **druhý** rok.

1. Jak dlouho je Nguyen v České republice? 2. Jak dlouho je v České republice Tamara? 3. Jak dlouho je v České republice Manuel? 4. Jak dlouho je v České republice Yasmina? 5. Jak dlouho jste v České republice vy – kolikátý den, týden, měsíc, rok?

➔
1. **první** test, **první** lekce, **první** poschodí	11. jedenáctý, jedenáctá, jedenácté
2. **druhý** test, **druhá** lekce, **druhé** poschodí	12. dvanáctý, dvanáctá, dvanácté
3. **třetí** test, **třetí** lekce, **třetí** poschodí	15. patnáctý, patnáctá, patnácté
4. **čtvrtý** test, **čtvrtá** lekce, **čtvrté** poschodí	19. devatenáctý, devatenáctá, devatenácté
5. pátý, pátá, páté	20 dvacátý, dvacátá, dvacáté
6. šestý, šestá, šesté	21. dvacátý první, dvacátá první, dvacáté první
7. sedmý, sedmá, sedmé	22. dvacátý druhý, dvacátá druhá, dvacáté druhé
8. osmý, osmá, osmé	28. dvacátý osmý, dvacátá osmá, dvacáté osmé
9. devátý, devátá, deváté	31. třicátý první, třicátá první, třicáté první
10. desátý, desátá, desáté	32. třicátý druhý, třicátá druhá, třicáté druhé

💬 **2. Odpovězte na otázky podle plánu. Jména správně vyslovujte.**
Vzor: *Kde bydlí Staňkovi?* → *Čtvrté poschodí nalevo.*

nalevo
1. Káťa Beňáková + Stáňa Vyleťal
2. Zeťovi
3. Soňa Vaňková
4. Staňkovi
5. Naďa Hasoňová

napravo
1. Zdeňka Lošťáková
2. Víťa Žďárský
3. Ošťádalovi
4. Láďa Šťovíček
5. Taťána Čeňková

1. Kde bydlí Naďa Hasoňová? 2. Kde bydlí Ošťádalovi? 3. Kde bydlí Taťána Čeňková? 4. Kde bydlí Zeťovi? 5. Kde bydlí Zdeňka Lošťáková? 6. Kde bydlí Víťa Žďárský? 7. Kde bydlí Káťa Beňáková? 8. Kde bydlí Soňa Vaňková? 9. Kde bydlí Láďa Šťovíček? 10. Kde bydlí Stáňa Vyleťal?

3. Přečtěte správně.

1. Pondělí je **1. den** v týdnu. 2. Píšeme **5. cvičení**. 3. Čteme **4. text**. 4. Jezdíme na chatu každý **2. pátek** v měsíci. 5. Luboš pije už **8. pivo**. 6. To je můj **10. dopis** domů. 7. To je moje **7. cesta** do Vietnamu. 8. Dnes píšu už **15. e-mail**. 9. Pan Kvapil má už **3. auto** tenhle rok. 10. Sally je **33. týden** v České republice.

4. Utvořte otázku k cvičení 3 podle vzoru.
Vzor: *Pondělí je první den v týdnu. → Kolikátý den je pondělí?*

Měsíce

MĚSÍC		KDY?	
leden	červenec	v lednu	v červenci
únor	srpen	v únoru	v srpnu
březen	září	v březnu	v září
duben	říjen	v dubnu	v říjnu
květen	listopad	v květnu	v listopadu
červen	prosinec	v červnu	v prosinci

5. Odpovězte.

1. Jak se jmenuje první měsíc?
2. Jak se jmenuje pátý měsíc?
3. Jak se jmenuje jedenáctý měsíc?
4. Jak se jmenuje třetí měsíc?
5. Jak se jmenuje osmý měsíc?
6. Jak se jmenuje druhý měsíc?
7. Jak se jmenuje dvanáctý měsíc?
8. Jak se jmenuje čtvrtý měsíc?
9. Jak se jmenuje devátý měsíc?
10. Jak se jmenuje sedmý měsíc?

6. Jak se jmenuje tenhle měsíc?

1. Je to šestý měsíc roku.

2. Má 28 nebo 29 dnů.

3. V tomto měsíci začíná jaro.

4. Jeho jméno začíná na „z".

5. Je to poslední měsíc roku.

6. Jeho jméno končí na „d".

7. Je to desátý měsíc roku.

8. Začíná na 3 konsonanty.

9. Končí na „c" a není to prosinec.

10. Obsahuje písmeno „ě".

7. Odpovězte podle vzoru. Kdy mají narozeniny? Kdy se narodil/a?

a) Vzor: *Eva Urbanová (2)* → *Eva Urbanová má **narozeniny** v únoru.*
b) Vzor: *Adam Urban **se narodil** v srpnu. Eva Urbanová **se narodila** v únoru.*

1. Adam Urban (8)
2. Inženýr Holý (5)
3. Naše paní profesorka (11)
4. Petra Vobořilová (10)
5. Pan Hroch (1)
6. Sally (7)
7. Robert (3)
8. Doktor Řehák (6)
9. Věra Bělská (9)
10. Docentka Vaňková (12)

8. Najděte správnou odpověď.

1. Který den je dnes?	Čtvrtek / ~~víkend.~~
2. Kdy se Petr vrací domů?	V 19 hodin / 2× za týden
3. Který den mají zavřeno?	O víkendu / v říjnu
4. Jak dlouho jste v České republice?	Druhý měsíc / každý pátek
5. Jak často chodíte na procházku?	Celý týden / 1× za týden
6. V kolik hodin začíná vyučování?	Dopoledne / v 8 hodin
7. V kterém měsíci máš narozeniny?	V dubnu / každý čtvrtek
8. Kolikáté cvičení píšete?	8. cvičení / 8 cvičení
9. Kdy jste se narodil/a?	Několikrát za měsíc / v listopadu
10. Kdy máte volno?	V pátek odpoledne / 15 minut

9. Odpovězte.

Kdy máte narozeniny?

🔊 **1. Poslouchejte, čtěte a změňte podle skutečnosti.**

47

Předevčírem bylo 29. září (dvacátého devátého září).
Včera bylo 30. září (třicátého září).
Dnes je 1. října (prvního října).
Zítra bude 2. října (druhého října).
Pozítří bude 3. října (třetího října).

➔ 1. 1. prvního **ledna**   19. 7. devatenáctého **července**

3. 2. třetího **února**   20. 8. dvacátého **srpna**

5. 3. pátého **března**   21. 9. dvacátého prvního **září**

8. 4. osmého **dubna**   25. 10. dvacátého pátého **října**

10. 5. desátého **května**   28. 11. dvacátého osmého **listopadu**

14. 6. čtrnáctého **června**   31. 12. třicátého prvního **prosince**

2. Doplňte.

1. Dnes je 13. ledna. Zítra bude _____.

2. Včera bylo 15. března. Dnes je _____.

3. Dnes je 17. května. Pozítří bude _____.

4. Předevčírem bylo 20. července. Dnes je _____.

5. Dnes je 22. září. Zítra bude _____.

6. Včera bylo 25. listopadu. Pozítří bude _____.

7. Dnes je 28. dubna. Pozítří bude _____.

8. Předevčírem bylo 31. srpna. Zítra bude _____.

9. Dnes je 18. října. Zítra bude _____.

10. Včera bylo 26. prosince. Zítra bude _____.

3. Přečtěte a změňte tučný text.

A

A: Ahoj Sally, nevíš, kolikátého píšeme test
   z češtiny?

B: **4. října**.

A: To je středa, že?

B: Jo, myslím, že to je **středa**.

B

A: Ahoj Evo, co děláš odpoledne **18. května**?
   Proč nemáš čas?

B: Píšu test z angličtiny.

A: Aha, tak hodně štěstí.

B: Díky.

A) 13. 1. – pátek; 24. 11. – pondělí; 27. 3. – čtvrtek; 19. 4. – úterý; 18.12 – středa

B) 5. 6.; 17. 9.; 30. 10.; 22. 12.; 16. 1.

4. Poslouchejte, kdy se tyto osoby sejdou, data zapište podle vzoru.

48 **Vzor:** *Prvního ledna večer* → *1. 1. večer*

Karel a Helena:

Profesor Vávra a jeho student:

Pan Zaplatil a paní Novotná:

Ředitel firmy Exportservis a ředitel firmy Net:

Doktor Řehák a jeho pacient:

Taxikář a jeho klient:

5. Utvořte a napište věty.

1. úterý – vracet se – v – večer – hodin – osm – Eva – v
2. banka – mít – víkend – o – zavřeno
3. kolikátý – psát – (oni) – test – pozítří
4. Adam – narozeniny – v – srpen – mít
5. chodit – (já) – spát – půlnoc – o
6. čtvrtek – začínat – (my) – devět – hodin – v – ve

6. Vyplňte přihlášku do tenisového klubu.

.... – průkaz – tenisový klub	
Jméno:	
Příjmení:	
Bydliště:	
Povolání:	
Číslo telefonu:	
E-mail:	
Datum narození:	
Místo narození:	
Platnost do:	
Podpis:	

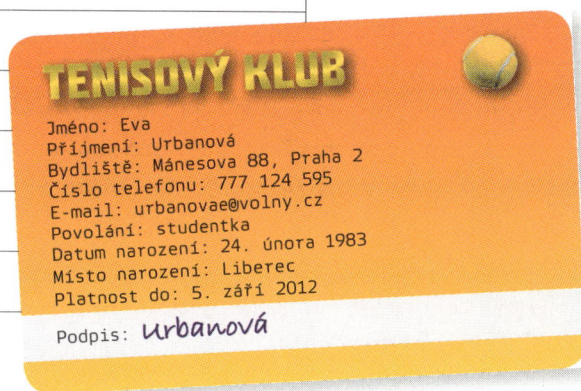

TENISOVÝ KLUB

Jméno: Eva
Příjmení: Urbanová
Bydliště: Mánesova 88, Praha 2
Číslo telefonu: 777 124 595
E-mail: urbanovae@volny.cz
Povolání: studentka
Datum narození: 24. února 1983
Místo narození: Liberec
Platnost do: 5. září 2012

Podpis: *Urbanová*

7. Odpovězte na otázky.

1. Kde bydlí Eva Urbanová? 2. Jaké má číslo domu? 3. Jaké má číslo telefonu? 4. Kdy se narodila?
5. Kde se narodila? 6. Pracuje, nebo studuje? 7. Do kdy platí její průkaz? 8. Kde bydlíte vy?
9. Kdy jste se narodil/a? 10. Kde jste se narodil/a?

8. Doplňte tázací slova do minidialogů.

1. A: _____ se sejdeme?
   B: V úterý patnáctého.

2. A: _____ _____ bude pozítří?
   B: Pozítří bude sobota.

3. A: _____ _____ jste v České republice?
   B: Jsem tady už třetí týden.

4. A: _____ bydlíte?
   B: Druhé poschodí napravo.

5. A: _____ cvičení děláte?
   B: Děláme šesté cvičení.

6. A: _____ _____ _____ vstáváš?
   B: V sedm hodin.

7. A: _____ právě teď děláte?
   B: Právě večeříme.

8. A: _____ mluvíte?
   B: Anglicky a trochu česky.

9. A: _____, nebo pracujete?
   B: Jsem student.

10. A: _____ _____ jezdíte na výlet?
    B: Každou neděli.

9. Odpovězte na otázky ze cvičení 8.

10. Poslouchejte, čtěte a správně vyslovujte.

49

1. Marie píše test z chemie a biologie.
2. Na fotografii jsou naše dvě kamarádky – Valérie a Julie.
3. Adriana má nové fialové šaty z Francie.
4. Doktor Alois Kilián pracuje jako psychiatr.
5. Sylvie má alergii na antibiotika.
6. Velká Británie a Belgie jsou státy Evropské unie.
7. V roce 1999 byl Julius v Kolumbii a v Brazílii.
8. Studujeme obor sociologie na Fakultě sociálních studií Masarykovy univerzity v Brně.
9. Moje studijní specializace není psychologie, ale politologie.
10. Patricie bydlí v penzionu na Mariánském náměstí.

11. Odpovězte.

a) Který den je dnes?
b) Kolikátého je dnes?
c) Který den bude pozítří?
d) Který den byl předevčírem?
e) Kolikátého budete mít narozeniny?

🔊 1. Poslouchejte, čtěte a pak doplňte tabulku.

50

Televizní pořad „Žijeme v České republice"

Televizní moderátor: Dobrý den, dnes vítám naše další zahraniční hosty. Jsou to tři zahraniční studenti. Máte slovo.

Tamara: Dobrý den, jmenuju se Tamara. Jsem Ruska. Studuju právo v Praze na Karlově univerzitě. Je mi 21 let. Jsem svobodná. Ráda čtu a chodím do kina.

Abdul: Dobrý den, já jsem Abdul. Jsem z Mali. Jsem doktorand, studuju doktorský program kybernetika a informatika. Jsem stipendista. Je mi 32 let. Jsem ženatý. Mám jedno dítě. Rád sportuju. Hraju fotbal nebo chodím plavat.

Pablo: Dobrý den, já se jmenuju Pablo. Jsem ze Španělska. Studuju obor slavistika. Teď jsem v Praze na 5 měsíců. Jsem stipendista programu Erasmus. Je mi 24 let. Jsem svobodný a nemám děti. Rád cestuju a učím se cizí jazyky.

Jméno	Obor	Stipendista × samoplátce	Věk	Hobby / Koníček
Tamara		samoplátce		literatura, film
Abdul	kybernetika a informatika		32 let	
Pablo				cestování, cizí jazyky

💬 2. Tvořte otázky k textu a odpovídejte. Pracujte ve dvojicích.

Vzor: *Kdo je Tamara? Tamara je Ruska. Co ráda dělá? Ráda čte a chodí do kina.*

3. Doplňte.

1. **Narodil jsem se** v roce 1962. Je **mi** ____ let. 2. Ta slečna **se narodila** v roce 1990. Je **jí** ____ let.

3. Ten stipendista **se narodil** v roce 1985. Je **mu** ____ let. 4. Ty **ses narodil** v roce 1979. Je **ti** ____ let.

5. Vy **jste se narodila** v roce 1933. Je **vám** ____ let. 6. Oni **se narodili** v roce 1946. Je **jim** ____ let.

7. Ty **ses narodila** v roce 1989. Je **ti** ____ let. 8. Vy **jste se narodil** v roce 1957. Je **vám** ____ let.

9. My **jsme se narodili** v roce 1973. Je **nám** ____ let. 10. Vy **jste se narodili** v roce 1996. Je **vám** ____ let.

❯ GRAMATIKA
Rád, ráda, rádi + aktivum verba

Adam **rád** hraje tenis. Eva **ráda** hraje volejbal.	Adam **nerad** hraje hokej. Eva **nerada** hraje basketbal.
Adam a Eva **rádi** hrajou šachy.	Adam a Eva **neradi** hrajou golf.

4. Dejte verbum do správné formy.

1. Pablo rád (cestovat). 2. Tamara ráda (číst). 3. My rádi (chodit) plavat. 4. Ráda (psát – já) dopisy. 5. (jezdit – vy) ráda na kole? 6. (dívat se – ty) rád na televizi? 7. Rádi (sportovat – oni). 8. Lucie nerada (pracovat). 9. Neradi (hrát – my) na klavír. 10. Muži neradi (nakupovat).

Abdul je z Mali. Odkud jste vy?

❯ GRAMATIKA
Substantivum: forma po předložce „z"

Maskulinum	Femininum	Neutrum
(Vietnam, Irán, Honduras) z Vietnamu, z Iránu, z Hondurasu	(Kanada, Kuba, Panama) z Kanady, z Kuby, z Panamy	(Německo, Maroko, Mexiko) z Německa, z Maroka, z Mexika
	(Anglie, Itálie, Indie) z Anglie, z Itálie, z Indie	

5. Odkud jsou?

1. Tamara je z (Rusko).
2. Olga je z (Ukrajina).
3. Maximo je z (Portugalsko).
4. Karim je ze (Senegal).
5. Alfonso je z (Bolívie).
6. Janek je z (Polsko).
7. Chalid je ze (Sýrie).
8. Šimako je z (Japonsko).
9. Farid je z (Afganistan).
10. Li je z (Čína).

6. Přečtěte si text a doplňte otázky.

a) Tom bydlí v Praze 5. Je mu 35 let. Je ještě svobodný. Je z Texasu. Tom pracuje už dva roky na Vysoké škole ekonomické jako učitel angličtiny. Rád cestuje a jezdí na kole.

b) Sabina bydlí v Brně. Je jí 42 let. Je vdaná a má dvě děti. Je z Rakouska. Pracuje jako zahradní architektka. Její manžel je manažer v bance. Ráda chodí na koncerty a do divadla.

c) Paní Li bydlí v Ostravě. Je jí 29 let. Je vdaná. Děti ještě nemá. Je z Číny. Li je žena v domácnosti. Její manžel je Čech a je podnikatel. Li ráda řídí auto a jezdí na výlety.

1. A: _____ ?
   B: Na vysoké škole učí Tom.

   A: _____ ?
   B: Bydlí v Ostravě.

2. A: _____ ?
   B: Je z Rakouska.

   A: _____ ?
   B: Ráda chodí na koncerty a do divadla.

3. A: _____ ?
   B: Ne, je v domácnosti.

   A: _____ ?
   B: Ne, děti ještě nemá.

4. A: _____ ?
   B: Ano, Sabina je vdaná.

   A: _____ ?
   B: Ne, Tom není ženatý.

5. A: _____ ?
   B: Dva roky.

   A: _____ ?
   B: Li není Vietnamka, je Číňanka.

💬 **7. Odpovězte na otázky.**

1. Jak se jmenujete?
2. Odkud jste?
3. Kolik je vám let?
4. Kdy jste se narodil/a?
5. Jste svobodný, nebo ženatý? Jste svobodná nebo vdaná?
6. Máte děti?
7. Pracujete, nebo studujete v České republice?
8. Jaké je vaše povolání? / Jaký obor studujete?
9. Kde bydlíte?
10. Co rád/a děláte, když máte volno?

🔊 **8. Poslouchejte a doplňte tabulku.**

51

Jméno	Země	Věk	Obor	Jak dlouho je v České republice?
Kim	Korea	26 let		
Viktor	Argentina		farmakologie	
Laura		22 let		

💬 **1. Každý den je v českém kalendáři jedno křestní jméno. Každý den má nějaká osoba svátek. Hledejte v českém kalendáři, kdy mají svátek tyto osoby.**

1. Kdy má svátek Jiří?
2. Kdy má svátek Markéta?
3. Kdy má svátek Marie?
4. Kdy má svátek Hana?
5. Kdy má svátek Soňa?
6. Kdy má svátek Veronika?
7. Kdy má svátek Ladislav?
8. Kdy má svátek Šimon?
9. Kdy mají svátek Adam a Eva?
10. Kdy máte svátek vy? Je vaše křestní jméno v českém kalendáři?

📑 **2. Kdy se narodili a kdy zemřeli? Proč jsou známí? Doplňte. Pracujte s internetem a slovníkem.***

1. Karel IV. – český _____ a císař Svaté říše římské (14. 5. 1316–29. 11. 1378).

2. Jan Hus – náboženský reformátor a _____ na Univerzitě Karlově (1371–6. 7. 1415).

3. Jan Ámos Komenský – _____ filozof a teolog (28. 3. 1592–15. 11. 1670).

4. František Palacký – český _____ a politik (14. 6. 1798–26. 5. 1876).

5. Antonín Dvořák – český _____ skladatel, autor symfonie Z nového světa (8. 9. 1841–1. 5. 1904).

6. Tomáš Garrigue Masaryk – filozof a první československý _____ (7. 3. 1850–14. 9. 1937).

7. Alfons Mucha – _____ a grafik (24. 7. 1860–14. 7. 1939).

8. Jaroslav Hašek – _____ a novinář (30. 4. 1883–3. 1. 1923).

9. Jaroslav Heyrovský – _____ a nositel Nobelovy ceny za chemii (20. 12. 1890–20. 3. 1967).

10. Jaroslav Seifert – _____ a nositel Nobelovy ceny za literaturu (23. 9. 1901–10. 1. 1986).

3. Kdy jsou v České republice státní svátky? Spojte datum a jméno svátku.*

1. 1. ledna
2. březen–duben (jedno pondělí)
3. 1. května
4. 8. května
5. 5. července
6. 6. července
7. 28. září
8. 28. října
9. 17. listopadu
10. 24.–26. prosince

a) Konec druhé světové války
b) Vánoce
c) Boj studentů za demokracii
d) Mistr Jan Hus
e) Vznik Československa v roce 1918
f) Nový rok
g) Svatý Václav
h) Svatý Cyril a svatý Metoděj
i) Svátek práce
j) Velikonoce

4. Přečtěte si pohlednici a doplňte.

V Praze dne ....

Veselé Vánoce

a šťasný nový rok

Vám přeje

....

Pan

Ing. Radek Dvořák

Palackého 18

Karlovy Vary

3 6 0 0 0

Praga 2008
Kč 7·50
ČESKÁ REPUBLIKA

1. Doplňte vhodné slovo.
(20 bodů, 10 slov)

1. Tamara je _____ studentka. 2. Studuje právo na Karlově univerzitě v _____ . 3. Je jí

21 _____ . 4. Narodila se v roce _____ v Moskvě. 5. Je z _____ . 6. Není vdaná

a nemá _____ . 7. Nebydlí v koleji, ale v _____ . 8. Její _____ je: Vinohradská 163, Praha 10.

9. Její _____ mobilu je 777 234 723. 10. _____ čte a chodí do kina.

2. Doplňte správnou reakci.
(10 bodů, 10 slov)

A: Tak kolikátého se sejdeme?

B: V pondělí _____ října.

A: Vy jste Španěl?

B: Ano, jsem ze _____ .

A: Kolik je vám let, prosím?

B: Je _____ 53 let.

A: Dnes je středa. Který den bude pozítří?

B: Moment, dnes je středa, pozítří bude _____ .

A: Kde bydlí Urbanovi?

B: _____ poschodí, napravo.

A: Jak často jezdíte na chatu?

B: Jezdím na chatu _____ za týden.

A: Jak dlouho trvá vyučování?

B: _____ minut.

A: Cestuješ rád?

B: Bohužel _____ .

A: Hodně štěstí.

B: _____ .

A: Co studuješ?

B: Studuju _____ farmacie.

🔊 3. Poslechněte si data a zapište je číslicemi.
52 *(10 bodů, 5 dat)*
Vzor: *4. listopadu = 4. 11.*

1.   2.   3.   4.   5.

4. Poslechněte si 2× text a zjistěte, zda je to pravda, nebo není pravda.

53 *(20 bodů, 10 informací)*

1. Inženýr Holík je architekt.	ano – ne
2. Narodil se v Brně.	ano – ne
3. Je mu 48 let.	ano – ne
4. Bydlí v Praze 9.	ano – ne
5. Má hezký a velký byt.	ano – ne
6. Je svobodný.	ano – ne
7. Má jedno dítě.	ano – ne
8. Hodně sportuje.	ano – ne
9. Rád jezdí na kole.	ano – ne
10. Každý víkend jezdí na chatu.	ano – ne

5. Představte se. Napište 10 vět.

(20 bodů, 10 vět)

Jmenuju se _____

_____

_____

_____

_____

_____

Výsledek: 80–72 je to velmi dobré, 72–56 dobré, 55–0 špatné, studujte a opakujte.

1. Poslouchejte, čtěte a opakujte.

54

A

Prodavač:	Dobrý den, přejete si, prosím?
Zákazník:	**Chtěl bych koženou bundu.**
Prodavač:	**Jakou** velikost potřebujete?
Zákazník:	54.
Prodavač:	**Jakou barvu** chcete?
Zákazník:	**Hnědou** nebo **černou.**
Prodavač:	Můžu vám nabídnout **tuhle béžovou bundu** a potom **tuhle černou bundu.**
Zákazník:	Můžu si zkusit **tu černou**?
Prodavač:	Ano, kabinka je tamhle vzadu nalevo.

B

Prodavačka:	Dobrý den, co si přejete, prosím?
Zákaznice:	**Chtěla bych nějakou pánskou košili.**
Prodavačka:	**Jakou** velikost potřebujete?
Zákaznice:	Číslo 42.
Prodavačka:	**Jakou barvu** chcete?
Zákaznice:	No, manžel má rád **modrou** nebo **šedou**.
Prodavačka:	Lituju, ale můžu vám nabídnout jenom **tuhle modrou košili.**
Zákaznice:	**Jinou barvu** opravdu nemáte?
Prodavačka:	Ve velikosti 42 bohužel ne.

GRAMATIKA
Substantivum: forma objektu – feminina

TA / TAHLE / JEDNA	adjektiva	substantiva
forma subjektu – nominativ		
To je ta / tahle / jedna Líbí se mi	hezká, nová, nějaká	bunda, kravata, košile, sukně
forma objektu – akuzativ		
Chci tu / tuhle / jednu Přeju si Potřebuju Mám	hezkou, novou, nějakou	bundu, kravatu košili, sukni

2. Odpovězte podle dialogu.

1. Co si přeje zákazník? (kožená bunda)
2. Co si přeje zákaznice? (pánská košile)
3. Jakou velikost potřebuje zákazník? (54)
4. Jakou velikost potřebuje zákaznice? (42)
5. Jakou barvu chce zákazník? (hnědá nebo černá barva)
6. Jakou barvu chce zákaznice? (modrá nebo šedá barva)
7. Jakou barvu může nabídnout prodavač? (béžová nebo černá barva)
8. Jakou barvu může nabídnout prodavačka? (jenom modrá barva)

3. Doplňte podle dialogu A a B.

a) 1. Zákazník si přeje _____ _____.

2. Potřebuje velikost _____.

3. Chce _____ nebo _____ barvu.

4. Prodavač ukazuje jednu _____ a jednu _____.

5. Zákazník si chce zkusit _____ _____.

b) 1. Zákaznice si přeje _____ _____.

2. Potřebuje číslo _____.

3. Chce _____ nebo _____ barvu.

4. Prodavačka má jenom _____.

5. Nemá _____ _____.

⊙ GRAMATIKA
Verbum: nepravidelné verbum „chtít" – prézens

Já: Chci novou bundu.	**My: Chceme** nové boty.
Ty: Chceš nový byt?	**Vy: Chcete** večeřet?
On / Ona: Chce nové auto.	**Oni: Chtějí** hrát šachy.

4. Doplňte správné formy verba „chtít".

1. Pan Soukup _____ velký byt. 2. Kosovi _____ malou zahradu. 3. (já) _____ nějaké hezké

šaty ve velikosti 38. 4. _____ tohle černé sako, Adame? 5. My _____ pivo. 6. _____ tenhle

časopis, paní Čápová? 7. Ne, tuhle černou tašku _____, nelíbí se mi. 8. Klára _____ nový

počítač. 9. Martino, jaký dárek _____? Tenisovou raketu. 10. Co _____ Tomáš a Kamil?

Tomáš _____ nové kolo a Kamil _____ nový svetr.

5. Doplňte správné formy infinitivu.
Vzor: *Eva chce _____ na kole. → Eva chce jezdit na kole.*

1. Klára chce _____ noviny. 2. Jiří a Pavel chtějí _____ šachy. 3. Roberte, ty chceš _____

cédéčko? 4. Kdy chcete _____, pane Urbane? V sedm hodin ráno. 5. Večer se nechceme _____

na televizi. 6. Musilovi nechtějí _____ v restauraci. 7. Každý pátek večer chci _____ na chatu.

8. Eva chce _____ na univerzitu pěšky. 9. V pondělí chceme _____ test z češtiny.

10. Adam se chce _____ ve čtvrtek v 17 hodin odpoledne.

6. Utvořte a napište věty.

1. Eva – šedý – sukně – si přát – nový – tričko – bílý – a
2. Musilovi – hledat – v – levný – byt – malý – Praha
3. potřebovat – (já) – šaty – černý – velikost L – ve – krátký
4. (my) – mít – velký – zahrada – dům – malý – ale
5. nechtít – (ty) – košile – nový – nebo – nový – sako

◀)) 7. Poslouchejte, co chtějí tyto osoby, a zapište do tabulky.

55

Eva Urbanová:	Zákazník:
Zákaznice:	Kamil:

💬 8. Utvořte dialogy v obchodě.

a) 1. Zákaznice si přeje žluté dámské tričko, velikost 42.

2. Prodavačka má ve velikosti 42 jen bílé nebo oranžové tričko.

3. Oranžové tričko je hezké a levné, stojí jen 250 korun.

4. Zákaznice si chce oranžové tričko zkusit.

5. Kabinka je hned vedle.

b) 1. Zákazník by chtěl svetr.

2. Má velikost XL.

3. Prodavačka má béžový, černý nebo modrý svetr.

4. Zákazník si chce zkusit béžový svetr.

5. Černý svetr ani modrý svetr se mu nelíbí.

💬 9. Odpovězte.

a) Co si přejete?

b) Co byste si přál/a?

c) Co potřebujete?

d) Co chcete?

e) Co chcete dělat?

Co **rád** jíš, Adame? Jím rád čokoládu.
Co **ráda** jíš, Evo? Jím ráda ovoce a zeleninu.

1. Čtěte a pak doplňte podle textu.

snídaně   Eva snídá každý den ráno v 7 hodin. Někdy pije čaj
a někdy pije džus. Jí jogurt a ovoce.
Adam nesnídá moc pravidelně. Někdy nesnídá vůbec,
protože nemá čas. Obyčejně pije černou kávu, jí rohlík,
máslo a džem.

přesnídávka   Eva jí dopoledne ovoce (například jablko nebo pomeranč) nebo
zeleninu (například mrkev). Pije minerální vodu Mattoni.
Adam dopoledne nejí nic. Jen zase pije černou kávu.

oběd   Eva obědvá v menze. Jí tam tradiční české jídlo – polévku,
maso a přílohu (brambory, knedlíky nebo rýži). Někdy si
dá také vegetariánské jídlo.
Adam obědvá v restauraci, má rád pizzu nebo těstoviny,
někdy si dá i palačinku nebo omeletu.

svačina   Eva si odpoledne vaří zelený
čaj, často jí také nějaké ovoce
nebo nějakou zeleninu.
Adam má rád odpoledne
sladké jídlo. Kupuje si
zákusek nebo zmrzlinu.

večeře   Eva večeří zeleninový salát. Pije džus.
Adam večeří chleba, sýr, salám nebo
vejce. Pije pivo.

1. Eva snídá _____. 2. Adam snídá _____. 3. Eva dopoledne pije _____. 4. Adam

dopoledne pije _____. 5. Eva obědvá v _____. Adam obědvá v _____. 6. Adam má

rád _____. 7. Eva jí odpoledne _____. 8. Adam si kupuje odpoledne _____.

9. Eva večeří _____. 10. Večer Adam pije _____.

💬 **2. Odpovězte.**

1. Co snídáte? 2. V kolik hodin ráno snídáte? 3. Co jíte dopoledne? 4. Kde obědváte? 5. Co rád / ráda obědváte? 6. Jíte něco odpoledne? 7. Co večeříte? 8. Co rád / ráda pijete? 9. Které české jídlo máte rád / ráda? 10. Co rád / ráda vaříte?

💬 **3. To je lednička. Co mají Eva a Adam v ledničce a co je na ledničce? Co máte v ledničce vy?**

4. Změňte podle vzoru.
Vzor: *Eva má ráda zeleninu.* → *Eva jí ráda zeleninu.*

1. Mám rád pivo. 2. Máme rádi těstoviny. 3. Karolína má ráda volejbal. 4. Novákovi mají rádi výstavy. 5. Martin má rád tanec. 6. Máš rád cizí jazyky? 7. Máte ráda cestování, paní Musilová? 8. Máte rádi filmy, studenti? 9. Adam a Eva mají rádi literaturu. 10. Máš rád výlety, Roberte?

🔊 **5. Poslouchejte, pak čtěte, správně vyslovujte.**

1. Petr Holu**b** a Jarda Du**b** hrajou volejbal za náš klu**b**. 2. Václav a Miroslav pijou aperiti**v**. 3. Můj kamará**d** má rá**d** me**d**. 4. Poj**ď** te**ď** na lo**ď**. 5. Pan Mráz má na autě vzkaz: Tady je záka**z** parkování. 6. Její muž Ambro**ž** už není doma. 7. Ole**g** není geolo**g**, ale chirur**g**. 8. Pan Kobli**h** cestuje na ji**h**, protože nemá rád sní**h**.

⊙ GRAMATIKA
Verbum: nepravidelné verbum „jíst" – prézens

Já: Jím jogurt a rohlík.	**My: Jíme** dobrou polévku.
Ty: Jíš maso?	**Vy: Jíte** knedlíky?
On / Ona: Jí zeleninový salát.	**Oni: Jedí** omeletu.

6. Doplňte správné formy verba „jíst".

1. Ráno moc ne_____, nemám čas 2. Eva _____ dopoledne jen ovoce. 3. Můj kamarád a

já _____ v menze. 4. _____ v poledne polévku, paní Kosová? Ne, _____ jen zeleninový

salát. 5. Martine, co rád _____? Špagety. 6. Karim ne_____ vepřové maso. 7. Co _____

Klára a Alena? Zmrzlinu. 8. Co rádi _____ Viktore a Kamile? Pizzu. 9. Ne_____ maso, jsem

vegetariánka. 10. _____ rád knedlíky, pane Musile? Samozřejmě že ano.

📑 7. Přečtěte text a odpovězte na otázky.

Co obědvají?

a) Sally je žena v domácnosti, ale nerada vaří. Dělá jen rychlé a jednoduché jídlo. Moc ráda chodí
do restaurace. Má ráda hlavně italskou kuchyni, pizzu nebo špagety. Ale ráda si dá také smažený sýr,
hranolky a tatarku.

b) Omar je student. Když má vyučování, obědvá v menze. Obědvá tam polévku a hlavní jídlo.
V sobotu a v neděli vaří v koleji, často si dělá rýži nebo těstoviny. Má rád české jídlo, ale nejí vepřové
maso. Moc rád jí kuře a brambory. Do restaurace chodí málo, protože jídlo v restauraci je drahé.

c) Tamara je také studentka. Je vegetariánka. V menze skoro nejí, protože tam obyčejně nemají
vegetariánské jídlo. Často obědvá zeleninový salát v bufetu. Když nemá čas, jí jen jogurt. V sobotu
a v neděli si ráda doma vaří. Někdy chodí do vegetariánské restaurace.

1. Kdo je vegetarián? 2. Kdo rád chodí do restaurace? 3. Kdo nejí vepřové maso? 4. Kdo si rád vaří
v sobotu a v neděli? 5. Co vaří Omar v koleji? 6. Proč Tamara skoro nejí v menze? 7. Proč Omar
nechodí do restaurace? 8. Co obědvá Tamara, když nemá čas? 9. Které české jídlo má ráda Sally?
10. Které české jídlo má rád Omar?

🔊 8. Poslouchejte a doplňte.

57

Co mají rádi?

Jiří má rád:

Tomáš má rád:

Martin má rád:

Lenka má ráda:

Romana má ráda:

Kamila má ráda:

💬 9. Doplňte.

1. Jím rád / ráda:

2. Nejím rád / ráda:

Adam: Dobrý den. Chceme obědvat. Je tady volno?
Číšník: Dobrý den. Dnes máme dost obsazeno. ...
Ale moment, tamhle bude hned volný stůl.
Adam: Děkujeme.
Číšník: Není zač... Prosím, tady je jídelní lístek.

Číšník: Co si dáte, prosím?
Eva: Dvakrát zeleninovou polévku, jednou
hovězí guláš a knedlíky, jednou vepřový
řízek a bramborovou kaši.
Číšník: Něco k pití?
Eva: Ano, dvakrát malé pivo Budvar.
Číšník: Nechcete ještě nějaký zákusek?
Eva: Ne, děkujeme. To je zatím všechno.

Eva: Dobrou chuť.
Adam: Nápodobně.
Eva: Jak ti chutná ten guláš, Adame?
Adam: Je to moc dobré.
Eva: Nechceš si dát ještě něco?
Adam: Ne, já nemám moc velký hlad, ale mám
žízeň. Dám si ještě jedno malé pivo.

Adam: Pane vrchní, platím.
Číšník: Hned to bude. ... Platíte dohromady,
nebo zvlášť?
Adam: Dohromady.
Číšník: Takže dvakrát zeleninová polévka,
jednou guláš, jednou řízek a třikrát malé
pivo. ... Dohromady to dělá 338 Kč.
Adam: 350 Kč. To je v pořádku.
Číšník: Děkuju. Na shledanou.
Adam: Na shledanou.

1. Poslechněte si text, přečtěte a doplňte minidialogy.

58

A: Přeju ti dobrou chuť.

B: _____ .

A: Je tady volno?

B: Bohužel, dnes je _____ .
   Moment, tamhle je volný stůl.

A: Platíte dohromady nebo každý zvlášť?

B: _____ .

A: _____?

B: Dvakrát Budvar.

A: _____?

B: Je to moc dobré.

A: _____?

B: Děkujeme, zatím to je všechno.

2. Je to pravda, nebo to není pravda?

1. Adam a Eva večeří v restauraci.
2. V restauraci je dost obsazeno, ale jeden stůl je volný.
3. Eva si dá zeleninovou polévku, vepřový řízek a bramborovou kaši.
4. Adam si dá hovězí guláš a knedlíky.
5. Eva a Adam nechtějí nic pít.
6. Eva a Adam nechtějí žádný zákusek.
7. Guláš dnes není moc dobrý.
8. Adam má hlad.
9. Adam a Eva platí dohromady.
10. Adam platí za 2 piva.

3. Změňte úvodní dialogy.

1. Adam a Eva chtějí večeřet v restauraci.
2. Vzadu v restauraci je volno.
3. Eva a Adam nebudou jíst polévku.
4. Eva si dá smažený sýr, hranolky a tatarku a Adam si dá kuře a rýži.
5. K pití si dají bílé víno (dvakrát 2 deci).
6. Nakonec si dají čokoládovou zmrzlinu.
7. Jídlo je dobré, ale Adam má dnes hlad, dá si ještě palačinku.
8. Eva nemá hlad.
9. Eva si dá ještě minerálku, protože má žízeň.
10. Adam platí 580 Kč.
11. Adam dává spropitné 20 Kč.

4. Změňte podle vzoru.

a) Vzor: *Chutná mi rýže.* → *Mám rád/a rýži.* *Chutnají jim knedlíky.* → *Mají rádi knedlíky.*

b) Vzor: *Chutná mi rýže.* → *Mám chuť na rýži.* *Chutnají jim knedlíky.* → *Mají chuť na knedlíky.*

1. Chutná mi řízek. 2. Hranolky mu nechutnají. 3. Brambory jim nechutnají. 4. Chutnají jí špagety. 5. Chutná ti pizza? 6. Nechutná ti omeleta? 7. Nechutná mu čokoládová zmrzlina. 8. Chutná ti bramborová kaše? 9. Česká kuchyně nám chutná. 10. Chutná vám zeleninová polévka?

◀ 5. Doplňte rozhovor podle poslechu.
59

Číšník: Dobrý den. Vítám vás v naší restauraci. Tak, co si dáte?

Žena: Já si dám _____

Muž: Já bych chtěl _____

Číšník: Něco k pití?

Žena: _____

Muž: _____

Číšník: Dáte si taky dezert?

Žena: _____

Muž: _____

6. Spojte otázky a odpovědi.

1. Co si dáte k pití?
2. Máte anglický jídelní lístek?
3. Dáte si nějaký zákusek?
4. Přejete si polévku?
5. Dáte si ještě něco?
6. Dáte si aperitiv?
7. Kolik platím?
8. Máte nějaké vegetariánské jídlo?
9. Je to vepřové maso?
10. Chutná vám česká kuchyně?

a) Ano, jednu kávu presso.
b) Ne, děkuju, mám tady auto.
c) Ano, dám si ovocný dort.
d) Ne, děkuju, polévku nejím.
e) Lituju, ale máme jen český a německý.
f) Ano, mám moc rád českou kuchyni.
g) Ne, to je hovězí.
h) Minerálku.
i) Ano, smažený sýr nebo zeleninovou omeletu.
j) Dělá to celkem 720 Kč.

7. Přečtěte si ještě jednou úvodní dialog.

a) Doplňte text.

1. Eva a Adam dnes _____ v restauraci U Nováků. 2. V restauraci je v poledne dost _____.

3. Eva obědvá _____, řízek a bramborovou kaši. 4. Adam jí zeleninovou polévku, _____

a _____. 5. Pijou _____. 6. Nejedí žádný _____. 7. Guláš je _____, ale polévka je

trochu slaná. 8. Adam má žízeň, dá si ještě _____. 9. Adam a Eva platí _____.

10. Adam dává _____ 12 Kč.

b) Řekněte, které dvě informace nejsou v dialogu.

8. Přečtěte si vtip. Znáte nějaký jiný vtip? Napište krátký vtip.

Host: Pane vrchní, je to, co piju, čaj, nebo káva?
Vrchní: A jak to chutná?
Host: Trochu jako benzin.
Vrchní: Tak to bude čaj.

9. Odpovězte.

Jste v restauraci. Máte hodně peněz. Co si dáte?

1. Přečtěte si dialogy.

Dialog 1

A: Dobrý den, restaurace U Pospíšilů.

B: Dobrý den. Chtěl bych si rezervovat stůl na dnešní večer.

A: Na kolik hodin?

B: Na 19 hodin.

A: Pro kolik osob?

B: Pro dvě.

A: Dobře. 2 osoby dnes večer v 7 hodin. Na jaké jméno, prosím?

A: Adam Urban.

Dialog 2

A: Dobrý den, hotel Golfi, prosím.

B: Dobrý den. Chtěl bych si rezervovat pokoj.

A: Na kdy a na jak dlouho?

B: Na jednu noc z 28. října na 29. října.

A: Přejete si jednolůžkový nebo dvoulůžkový pokoj?

B: Jednolůžkový.

A: Ano, máme tady ještě jeden volný pokoj. Chcete také snídani?

B: Ano. Jaká je cena za jednu noc?

A: 1200 Kč.

2. Odpovězte na otázky.

1. Co si rezervuje pan Urban?
2. Co si rezervuje druhá osoba?
3. Na kdy si rezervuje pan Urban stůl v restauraci?
4. Pro kolik osob rezervuje stůl?
5. V kolik hodin chce pan Urban večeřet?
6. Na jak dlouho si rezervuje druhá osoba volný pokoj?
7. Na jaké datum si rezervuje druhá osoba pokoj v hotelu?
8. Jaký pokoj chce druhá osoba, jednolůžkový nebo dvoulůžkový?
9. Chce také snídani?
10. Kolik stojí pokoj v hotelu Golfi?

◀)) 3. Poslechněte si dialogy. Které informace jsou jiné než ve cvičení 1?
60 Napište tyto informace do tabulky.

Dialog 1	Dialog 2

4. Kde kupuje Eva tyto věci? Spojte věc a obchod.*

1. benzin   a) V supermarketu.
2. boty   b) V lékárně.
3. šaty   c) V cukrárně.
4. chleba   d) V obchodě Oděvy.
5. mrkev   e) V Tabáku.
6. dort   f) V obchodě Ovoce a zelenina.
7. časopis   g) Na benzínce.
8. salám   h) V pekařství.
9. červené víno   i) V obchodě Maso a uzeniny.
10. tablety   j) V obchodě Obuv.

5. Tady je jídelní lístek, ale není správný. Opravte chyby a pak si objednejte polední menu.

)Staročeská hospoda(

Jídelní lístek — Polední menu

POLÉVKY

Gulášová...

Coca Cola...

Švestková buchta...

DEZERTY

Vepřová pečeně, knedlíky....................................

Zeleninová..

Čokoládový dort...

HOTOVÁ JÍDLA

Kuřecí řízek, bramborový salát.............................

Minerální voda Korunní......................................

Palačinka..

NÁPOJE

Světlé pivo Krušovice...

Ovocné knedlíky
(švestkové a meruňkové)....................................

Hovězí ....

1. Doplňte dialogy.
(20 bodů, 10 slov)

A: Dobrý den, co si _____?

B: Já pomerančový džus. A _____ ?

C: Já colu.

A: Jakou _____ si dáš?

B: Zeleninovou.

A: Co si dáš jako hlavní jídlo?

B: _____ a _____ .

A: Pane vrchní, _____ !

B: Dělá to celkem 244 korun.

A: _____ .

A: Prosím, _____ pivo.

B: _____ nebo tmavé?

A: _____ .

2. Utvořte věty a napište.
(10 bodů, 5 vět)

1. chtít – kožená – bunda – zákazník _____

2. (my) – bílá – pít – káva _____

3. dát si – bramborová – kaše – Urbanovi _____

4. nemít rád – Sally – česká – kuchyně _____

5. kupovat si – (já) – čokoládová – zmrzlina _____

3. Doplňte vhodné verbum.
(20 bodů, 10 slov)

1. Paní Musilová _____ každý den ráno v 7 hodin. 2. _____ zelený čaj. 3. _____ jogurt

a ovoce. 4. V poledne _____ v restauraci. 5. _____ ráda tradiční české jídlo. 6. Někdy si ale

_____ také vegetariánské jídlo. 7. Hlavně _____ zeleninový salát. 8. Odpoledne _____

jídlo na večeři. 9. Skoro každý den _____ večeři, protože její manžel rád _____ doma.

4. Upravte dialog.
(10 bodů, celý dialog)

A: Jakou velikost potřebujete?   Věta č. _____

B: Líbí se mi tenhle svetr. Nemáte taky červenou barvu?   Věta č. _____

A: Samozřejmě paní. Kabinka je hned tady vedle.   Věta č. _____

B: Tak já si zkusím tenhle černý svetr.   Věta č. _____

A: Ve velikosti 38 máme jen tenhle model.   Věta č. _____

B: Číslo 38.   Věta č. _____

A: Ve velikosti 38 vám můžu nabídnout jen tenhle černý nebo modrý model.   Věta č. _____

5. Poslechněte si tyto 4 dialogy jen jednou. V kterém dialogu byly tyto věty?
61 *(celkem 20 bodů, 1 věta = 5 bodů)*

1. Něco k pití?   Dialog č. 1
2. Platíte dohromady, nebo každý zvlášť? Dialog č. 2
3. Dnes nemám chuť na polévku.   Dialog č. 3
4. Promiňte, je tady volný stůl?   Dialog č. 4

A. Jak vypadá váš přítel / vaše přítelkyně?

1. Přečtěte si text a řekněte, která osoba je na obrázku: Kamil, Barbora, Marta nebo Jiří.

Jiří je vysoký, silný, ale není tlustý, má modré oči a krátké blond vlasy.

Marta je malá, štíhlá, má dlouhé hnědé vlasy a zelené oči.

Barbora je plnoštíhlá. Má krátké světlé vlasy, hnědé oči. Nosí brýle.

Kamil je vysoký a štíhlý, má dlouhé tmavé vlasy a černé oči. Má vousy.

2. Přečtěte text a doplňte tabulku.

Křestní jména: Martin, Tomáš, Libor, Petr
Oči: zelené, šedé, hnědé, modré
Vlasy: černé, šedivé, blond, hnědé
Oblečení: hnědé kalhoty, červené kalhoty, modré kalhoty, černé kalhoty
Váha: 80 kg, 75 kg, 98 kg, 88 kg

1. Martin nemá šedé oči a nemá blond vlasy.
2. Tomáš má blond vlasy a nemá hnědé oči.
3. Muž, který má zelené oči, má na sobě červené kalhoty.
4. Petr nemá hnědé ani šedivé vlasy a má modré oči.
5. Muž, který váží 88 kg, má na sobě modré kalhoty.
6. Libor ani Tomáš neváží 75 kg.
7. Muž, který má šedé oči, má hnědé kalhoty.
8. Muž, který má šedé vlasy, má na sobě černé kalhoty.
9. Muž, který má modré oči, váží 88 kg.
10. Libor, který má na sobě hnědé kalhoty, neváží 80 kg.

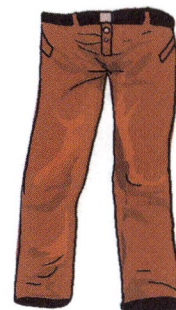

	Martin	Tomáš	Libor	Petr
Oči				
Vlasy				
Oblečení				
Váha				

3. Přečtěte si dialog, poslechněte si druhý dialog a doplňte informace, které jsou jiné.

62

Zuzana: Ahoj, Aleno, jak se máš?

Alena: Ujde to. A ty?

Zuzana: Já se mám fajn. Prý jsi vdaná.

Alena: Ano, to je pravda.

Zuzana: A jaký je tvůj manžel? Nemáš fotku?

Alena: Je vysoký, štíhlý, má hnědé vlasy. Hele, tady je jeho fotka.

Zuzana: Hmm, ten je moc hezký. Má tmavé oči, že?

Alena: Ne, světlé. Ta fotka není moc dobrá.

Zuzana: A co dělá?

Alena: Je chemický inženýr.

Zuzana: A kolik mu je let? Vypadá mladý.

Alena: Je mu 30.

A: Ahoj, _____, jak se máš?

B: Ujde to. A ty?

A: Já se mám fajn. Prý jsi vdaná.

B: Ano, to je pravda.

A: A jaký je tvůj manžel? Nemáš fotku?

B: Je vysoký, štíhlý, má _____ vlasy. Moment, tady je jeho fotka.

A: Hmm, ten je moc hezký. Má _____ oči, že?

B: Ne, světlé. Ta fotka není moc dobrá.

A: A co dělá?

B: Je _____.

A: A kolik je mu let? Vypadá mladý.

B: Je mu _____.

4. Odpovězte na otázky podle obrázku.

1. Kdo má na sobě černou sukni a fialovou košili?
2. Kdo má na sobě modré kalhoty a modrou košili?
3. Kdo má na sobě moderní hnědou košili, žlutou kravatu a elegantní tmavohnědý oblek?
4. Kdo má na sobě krátké červené moderní šaty a černé boty?
5. Kdo má krátké hnědé vlasy a nosí brýle?
6. Kdo má černé vlasy a knírek?
7. Kdo má hnědé dlouhé vlasy?
8. Kdo má blond vlasy?

💬 5. Pracujte ve dvojicích.

a) Jeden se ptá na osoby z obrázku ve cvičení 4, druhý odpovídá.

Vzor: *Co má na sobě Pavel? Pavel má na sobě _____ .*

Jaké vlasy má Veronika? Veronika má _____ .

Kde sedí Veronika? Veronika sedí _____ .

Co dělá Pavel? Pavel je _____ .

b) Jeden se ptá na osoby z obrázku ve cvičení 1, druhý odpovídá.

Vzor: *Jaká je Barbora? Barbora je _____ .*

Co má asi Barbora na sobě? Barbora má na sobě _____ .

🔊 6. Poslouchejte, pak čtěte, správně vyslovujte.

63

1. Naďa Holoubková pracuje v obchodě v Libkově.
2. Zítra nás navštíví Slávka z Moravské Třebové.
3. Radka odpoledne odpočívá.
4. Vlaďko a Luďku, pojďte domů.
5. Zuzka hezky zpívá.
6. Anežka Hložková bydlí v Kněžpoli.
7. Aneta Lehká pracuje v knihkupectví Kahtan.

7. Doplňte adjektiva v závorce. Pozor na formu.

(bílý, blond, černý, červený, hezký, hnědý, krásný, modrý, světlý, štíhlý, tmavý, vysoký, zelený)

1. Karolína je manekýnka a je moc _____ . 2. Je _____ (měří 180 cm) a velmi

_____ (váží 55 kg). 3. Má dlouhé _____ vlasy. 4. Její oči jsou _____ .

5. Ráda nosí _____ sukni a _____ tričko. 6. Její přítel Robert je také _____

muž. 7. Má _____ vlasy a _____ oči. 8. Rád nosí _____ kalhoty

a _____ košili.

8. Odpovězte.

1. Jste vysoký / vysoká nebo malý / malá? 2. Kolik měříte? 3. Kolik vážíte? 4. Jaké máte vlasy? 5. Jaké máte oči? 6. Nosíte brýle? 7. Co máte teď na sobě? 8. Jaké oblečení rád/a nosíte? 9. Které oblečení si rád/a kupujete? 10. Která barva se vám líbí?

9. Napište krátký text.

Jak vypadá váš přítel / vaše přítelkyně?

Můj přítel je / Má přítelkyně je _____

_____

_____

_____

_____

_____

✏ **1. Čtěte a poslouchejte a potom odpovězte ano – ne.**

🔊
64

Jmenuju se Martin Dvořák. To je moje rodina.
Ta žena napravo nahoře je moje matka. Jmenuje
se Marta a je architektka. Vedle stojí otec.
Jmenuje se Jan. Otec pracuje jako profesor. Dole
napravo sedí moje babička Božena. Je už stará,
je jí 80 let. Uprostřed je můj starší bratr Tomáš.
Pracuje jako úředník na poště. Nalevo je moje
mladší sestra Kamila. Kamila je ještě studentka.

Jmenuju se Pavlína Horáková. To je moje rodina.
Můj manžel se jmenuje Václav. Je advokát. Máme
dvě děti. Syn se jmenuje David a je mu 17 let.
Studuje střední školu, chodí na gymnázium.
Dcera se jmenuje Kateřina a je jí 11 let. Chodí
do základní školy. Napravo je náš pes Azor a naše
kočka Micka.

1. Martin má **otce** i **matku**.	ano – ne
2. Jeho matka je inženýrka.	ano – ne
3. Jeho otec je architekt.	ano – ne
4. Martin má **babičku Boženu**.	ano – ne
5. Martin má **jednoho mladšího bratra**.	ano – ne
6. Martin nemá **starší sestru**.	ano – ne
7. Pavlína má **manžela Václava**.	ano – ne
8. Má **jednoho syna** a **jednu dceru**.	ano – ne
9. Nemá **žádného psa**.	ano – ne
10. Má **kočku Micku**.	ano – ne

➔ GRAMATIKA
Substantivum: forma objektu – maskulina životná

TEN / TENHLE / JEDEN	adjektiva	substantiva
forma subjektu		
To je **ten / tenhle / jeden** Na obraze je	mladý, hezký moderní	advokát, inženýr muž, lékař
forma objektu		
Vidím **toho / tohohle / jednoho** Znám	mlad**ého**, hezk**ého** modern**ího**	advokát**a**, inženýr**a** muž**e**, lékař**e** ž, š, ř, č, c, j + e

2. Změňte podle vzoru.
Vzor: *Mám bratra. Můj _____ se jmenuje Tomáš.*
  Mám bratra. Můj bratr se jmenuje Tomáš.

1. Martin Dvořák má otce Jana. Jeho _____ se jmenuje Jan. 2. Pavlína Horáková má manžela

Václava. Její _____ se jmenuje Václav. 3. Pavlína má syna Davida. Její _____ se jmenuje

David. 4. Máme psa Azora. Náš _____ se jmenuje Azor. 5. Znáte pana doktora Moravce?

Ten _____ se jmenuje Zdeněk Moravec. 6. Matěj má dědečka Františka. Jeho _____ bydlí

v Brně. 7. Znáte pana inženýra Říčaře? Ano, _____ _____ pracuje jako ekonom v Komerční

bance. 8. Znáš Ondřeje Zapletala? Ano, _____ _____ je můj kamarád. 9. Znáte toho mladého

hezkého pilota? Ano, _____ _____ se jmenuje Adam Urban. 10. Vidíte toho vysokého

štíhlého muže? Nevíte, jak se jmenuje? _____ _____ se jmenuje Kamil.

3. Vyprávějte ve femininu.
Vzor: *Martin má otce. → Martina má matku.*

1. Mám jednoho kamaráda. 2. Jmenuje se Petr Kvapil. 3. Je Čech a bydlí tady ve městě. 4. Pracuje jako
novinář. 5. Je mu 30 let. 6. Petr je už ženatý. 7. Má jednoho syna. 8. Petr má jednoho mladšího bratra.
9. Jeho bratr studuje na univerzitě. 10. Bude lékař.

4. Vyprávějte v maskulinu.

Vzor: *Martina má matku.* → *Martin má otce.*

1. Znám jednu českou studentku. 2. Jmenuje se Jana Bartošová. 3. Znám Janu Bartošovou už dlouho, protože bydlí v bytě naproti. 4. Je jí 22 let. 5. Jana je ještě svobodná. 6. Má jednu mladší a jednu starší sestru. 7. Její starší sestra pracuje jako fotografka. 8. Její mladší sestra chodí do střední školy. 9. Jejich matku neznám. 10. Vím pouze, že je rozvedená a bydlí v Olomouci.

5. Přečtěte a odpovězte na otázky podle nápovědy.

1. Otec a matka jsou rodiče. 2. Bratr a sestra jsou sourozenci. 3. Syn a dcera jsou děti. 4. Babička a dědeček jsou prarodiče. 5. Manžel a manželka jsou manželé.

1. Kde bydlí vaši rodiče?

   Moji _____

2. Máte sourozence?

   Ano, mám _____

   Ne, nemám _____

3. Máte děti?

   Ano, mám _____

   Ne, nemám _____

4. Žijou ještě vaši prarodiče?

   Ano, mám _____

   Ne, nemám _____

5. Kdo jsou manželé na obrázku napravo ve cvičení 1?

   To jsou manželé _____

6. Poslechněte si text a doplňte slova podle slyšeného textu.

65

(bratr, bydlet, děti, domácnost, maminka, sestra, student, studovat, technik, zemřít, ženatý)

1. Jsem zahraniční _____ . 2. Moje rodina _____ v Bolívii. 3. Mám jenom _____ .

4. Je vdova, můj tatínek už _____ . 5. Maminka není zaměstnaná, je v _____ . 6. Mám

jednoho staršího _____ a jednu mladší _____ . 7. Starší bratr je _____ . 8. Pracuje

jako _____ v továrně. 9. Má tři _____ . 10. Moje mladší _____ ještě studuje.

7. Napište krátký text o své rodině podle otázek a přečtěte jej nahlas.

1. Jste svobodný / ženatý / rozvedený / vdovec? – Jste svobodná / vdaná / rozvedená / vdova?
2. Máte děti? Když ano, máte dceru nebo syna? Kolik dětí máte? Kolik je jim let?
3. Jak se jmenují vaši rodiče? Kde bydlí? Co dělají? Kolik je jim let?
4. Máte sourozence? Když ano, kde bydlí, co dělají, kolik je jim let? Mají děti?
5. Máte ještě prarodiče? Když ano, kde bydlí, kolik je jim let? Jsou v důchodu?

B: Dobrý den, hledáte někoho, slečno?

A: Dobrý den. Promiňte, bydlí tady Kamila Dvořáková?

B: Á, vy jste Tamara, že? Vítám vás. Pojďte dál.

A: Děkuju. Tady je malý dárek.

B: To je moc hezká květina. Moc vám děkuju. Odložte si. ... Tady jsou pantofle. ... Kamilo, pojď sem, máme tady hosta.

C: Ahoj, Tamaro, To jsem ráda, že jsi tady. ... Mami, chtěla bych ti představit Tamaru.

B: Jsem ráda, že vás poznávám, slečno Tamaro.

A: Také mě těší, že vás poznávám, paní Dvořáková.

C: Tamaro, posaď se sem. Nedáš si červené víno? Máme výborné víno z Moravy.

A: Ráda, děkuju.

C: Prosím, tady je víno... Tak na zdraví!

A: Na zdraví!

B: Na zdraví! ... A tady je malý zákusek. Poslužte si.

A: Děkuju. Je to moc dobrý.

A: Už je pozdě. Musím se pomalu rozloučit.

C: To je škoda. A nechceš mě navštívit v pátek večer? Zvu tě na večeři. Souhlasíš?

A: Děkuju za pozvání, ale nejde to. Mám lístek na koncert.

C. To nevadí. Sejdeme se jindy.

A = Tamara Kuzněcovová; B = paní Dvořáková; C = Kamila Dvořáková

🔊 1. Poslechněte si text, přečtěte a doplňte minidialogy.

66

A: Dobrý den, hledáte někoho, slečno?

A: _____

B: _____

B: Na zdraví.

A: Jsem ráda, že vás poznávám.

A: _____

B: _____

B: Bohužel v pátek to nejde.

A: Dáte si něco k pití?

A: _____

B: _____

B: To nic. Sejdeme o víkendu.

2. Doplňte text podle dialogů.

1. Paní Dvořáková a její dcera Kamila dnes mají _____. 2. Je to Tamara Kuzněcovová z Ruska.

Paní Dvořáková _____ ještě nezná, ale zve dívku dál. 3. Tamara má pro paní Dvořákovou dárek –

hezkou _____. 4. Kamila Tamaru vítá a _____. 5. Pak _____ v pokoji a baví se spolu.

6. _____ červené víno. 7. Je to víno z _____. 8. Jedí také _____. Je moc dobrý. 9. Nakonec

Kamila zve Tamaru na _____ v pátek večer. 10. Bohužel Kamila nemá čas, má _____ na koncert.

🔊 3. Poslechněte si dialogy a řekněte, který dialog slyšíte jako první, druhý, třetí a čtvrtý.

67

A
A: Nechceš si dát kafe?
B: Ne děkuju, kafe nepiju.
A: A co čaj?
B: Tak jo, dáme si čaj.

B
A: Zvu tě na koncert.
B: Dík. V kolik hodin začíná?
A: V osm.
B: Fajn, sejdeme se zítra v sedm zase tady, jo?

C
A: Nesejdeme se zítra v deset?
B: Promiň, ale nehodí se mi to. Mám angličtinu.
A: To je škoda.

D
A: Nedáme si něco? Mám žízeň.
B: Bohužel to nejde. Čeká na mě manželka.
A: To je smůla.

1. dialog: _____   2. dialog: _____   3. dialog: _____   4. dialog: _____

4. Odpovídejte podle nápovědy.

1. Koho mi chcete představit? (jeden český profesor a jedna česká profesorka) 2. Koho zvete na návštěvu? (pan Musil a paní Musilová) 3. Koho ještě neznáte? (pan Tomáš a jeho kolegyně Markéta) 4. Koho hledáte? (pan Kovář a jeho dcera) 5. Koho vidíte ve škole? (Štěpán, Ondřej, Klára a Lucie) 6. Koho vítají? (pan doktor Soukup a jeho manželka) 7. Koho slyšíte vedle v pokoji? (tatínek a maminka) 8. Koho navštívíte? (dědeček a babička) 9. Na koho čekáte? (Adam a jeho žena) 10. Na koho se díváte? (ten mladý vysoký muž a jeho přítelkyně)

5. Vykejte (používejte zájmeno „vy").

1. Vítám tě. 2. Chtěl bych ti představit Vojtěcha Beneše. 3. Jsem rád, že tě vidím. 4. Odlož si. 5. Posaď se sem. 6. Dáš si kávu nebo čaj? 7. Poslুž si. 8. Zvu tě na pivo. 9. Souhlasíš? 10. Děkuju ti.

6. Upravte dialogy.

Pavel: Ve tři odpoledne tady v klubu.
Jiří: Jasně. Tak kde a v kolik hodin?
Pavel: V sobotu odpoledne. Hodí se ti to?
Pavel: Jiří, zvu tě na tenis. Co ty na to?
Jiří: Prima. Kdy se sejdeme?

Olga: Vítám tě. Jsem ráda, že jsi tady.
Olga: To jsou moc krásné květiny. Moc ti děkuju.
Hana: Taky jsem ráda, že tě vidím. Tady máš malý dárek.
Hana: Můžu dostat minerálku, prosím?
Olga: Dáš si něco?

7. Spojte otázky a odpovědi.

1. Prosím vás, bydlí tady Urbanovi?
2. Dáte si něco?
3. Nenavštívíte mě v sobotu?
4. Sejdeme se v sedm na náměstí, ano?
5. Hodí se ti to ve čtvrtek večer?
6. Co si přejete?
7. Můžu dostat džus, prosím?
8. Neodložíte si?
9. Nechcete se posadit?
10. Můžu vám nabídnout kávu?

a) V sedm ne, ale v osm.
b) Děkuju, ale kávu nepiju.
c) Děkuju.
d) Dám si jen vodu.
e) Dvakrát světlé pivo.
f) Prosím. Tady je váš džus.
g) Ne. Je mi to moc líto, ale mám volejbal.
h) Ráda.
i) Ne, Urbanovi bydlí tamhle naproti.
j) Bohužel se mi to nehodí. Mám nějakou práci.

8. Přečtěte pozvánku a řekněte:

a) kdo koho zve
b) kdy
c) proč

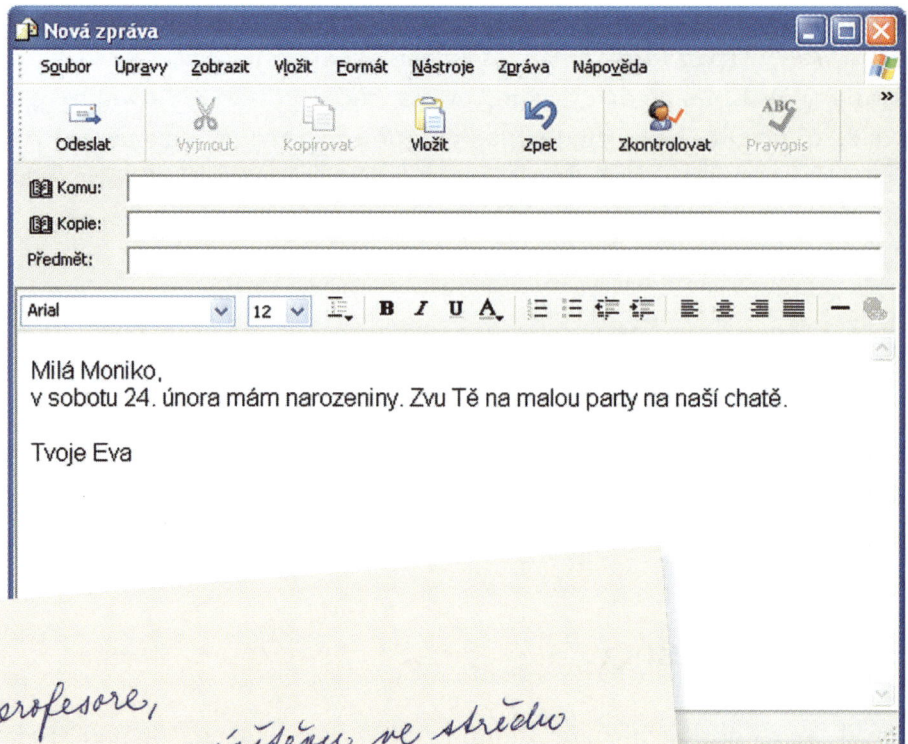

Nová zpráva

Soubor Úpravy Zobrazit Vložit Formát Nástroje Zpráva Nápověda

Odeslat   Vyjmout   Kopírovat   Vložit   Zpet   Zkontrolovat   Pravopis

Komu:
Kopie:
Předmět:

Arial   12   B I U A

Milá Moniko,
v sobotu 24. února mám narozeniny. Zvu Tě na malou party na naší chatě.

Tvoje Eva

Vážený pane profesore,
srdečně Vás zveme na návštěvu ve středu
22. listopadu v šest hodin večer.
Moc se na Vás těšíme.

Marek a Regina Holanovi

9. Napište pozvánku e-mailem.

Slavíte narozeniny a chcete pozvat kamaráda / kamarádku.

1. Přečtěte si inzeráty a odpovězte na otázky.

a) **Martin** 36/185/90 svobodný, nekuřák, hledá štíhlou, sympatickou, inteligentní a hodnou dívku, která má ráda sport, rockovou hudbu a cestování.

b) **Rozvedený bezdětný** fotograf, 32 let, z Brna, hledá milou a veselou dívku z Moravy, která nechce být sama.

c) **Novinářka**, 31 let, dlouhé hnědé vlasy a modré oči, která ráda hraje tenis a golf, hledá partnera a hodného tatínka pro dceru (2 roky).

d) **Plnoštíhlá vdova**, důchodkyně, 61 let, 2 dospělé děti, hledá staršího inteligentního a hodného muže. Jsem dobrá řidička. Mám auto a byt v Praze.

1. Kolik Martin měří a váží? 2. Co má Martin rád? 3. Kouří Martin cigarety? 4. Je fotograf ženatý? 5. Má fotograf děti? 6. Odkud je fotograf? 7. Jaké vlasy a oči má novinářka? 8. Má novinářka nějaké děti? 9. Je vdova štíhlá? 10. Pracuje ještě? 11. Kde bydlí?

2. Dejte inzeráty do feminina nebo maskulina.
Vzor: *Martina 36 let, svobodná...*

3. Napište inzerát pro noviny.

Příklad: *Zahraniční student, 23 let,* _____

_____

_____

4. Škrtněte slovo, které se nehodí.

1. Žofie je štíhlá blondýnka a má zelené (oči / vlasy).
2. Na fotografii je můj bratr. Má na sobě šedé kalhoty, bílou košili a černé (vousy / boty).
3. Líbí se ti Monika? Ano, je moc (inteligentní / hezká).
4. Co ti můžu nabídnout? Kávu nebo čaj? Nemůžu dostat (vodu / kávu), prosím?
5. Sejdeme se zítra? Promiň, ale zítra (se mi to nelíbí / se mi to nehodí).
6. Paní Kvapilová už nepracuje. Je (v důchodu / žena v domácnosti).
7. Mám velký hlad. Chci něco (pít / jíst).
8. Tady je malý zákusek. (Poslužte si / Odložte si).
9. Mami, to je můj kamarád Šimon. (Jsem ráda / Mám ráda), že vás poznávám, Šimone.
10. Zdeněk si chce zkusit tuhle modrou (pánskou / dámskou) košili.

5. Spojte věty z 1. a 2. sloupce.*

1. Je jí 88 let.
2. Má světlé vlasy.
3. Nevidí dobře.
4. Rád se směje.
5. Nosí hezké oblečení.
6. Jeho žena zemřela.
7. Nechce pracovat ani studovat.
8. Měří 2 metry.
9. Hodně kouří.
10. Dobře řídí auto.

a) Je veselý.
b) Je líný.
c) Je elegantní.
d) Je vysoký.
e) Je už stará.
f) Je silná kuřačka.
g) Je blondýnka.
h) Nosí brýle.
i) Je dobrý řidič.
j) Je vdovec.

7. LEKCE

Kontrolní test

1. Napište ve femininu.
(10 bodů, 5 vět)

1. Mám jednoho českého kamaráda. _____

2. Je chemický inženýr. _____

3. Je ženatý a má syna. _____

4. Má bratra. _____

5. Jeho bratr je učitel. _____

2. Doplňte reakce.
(20 bodů, 5 vět)

A: Nechcete minerálku?

B: _____

A: Nesejdeme se zítra odpoledne?

B: _____

A: Jak vám to chutná?

B: _____

A: Prosím, pojďte dál a odložte si.

B: _____

A: Zvu tě v sobotu na fotbal.

B: _____

3. Tvořte otázky.
(20 bodů, 10 vět)

1.
2.
3.
4.
5.
6.
7.
8.
9.
10.

1. Vážím 80 kilo.
2. Eva má na sobě zelené šaty.
3. Mám ráda modrou barvu.
4. Karel má hnědé oči.
5. Ne, jsem rozvedený.
6. Já ráda nakupuju v hypermarketu.
7. Ano, jedna moje babička ještě žije.
8. Můj otec je policista.
9. Mám dvě sestry.
10. Mám byt v Brně.

◀)) **4. Poslechněte si a doplňte tabulku.**

68 *(30 bodů, 10 informací)*

Matěj	Zuzana
Věk:	Věk:
Váha:	Váha:
Výška:	Výška:
Barva očí:	Barva očí:
Barva vlasů:	Barva vlasů:

Výsledek: 80–72 je to velmi dobré, 72–56 dobré, 55–0 špatné, studujte a opakujte.

Máme v Brně rodinný dům. *Vpředu* je malá zahrada. Rostou tam hezké květiny. *Vzadu* je malý **les**. *Napravo* stojí vysoký **strom**. *Nalevo* teče řeka Svratka. Dole v přízemí je **kuchyně**, **jídelna** a **obývací pokoj**. *Nahoře* v prvním poschodí jsou dvě **ložnice** a **dětský pokoj**, **záchod** a **koupelna**. *Vedle* je **garáž**. V garáži stojí naše Škoda Superb.

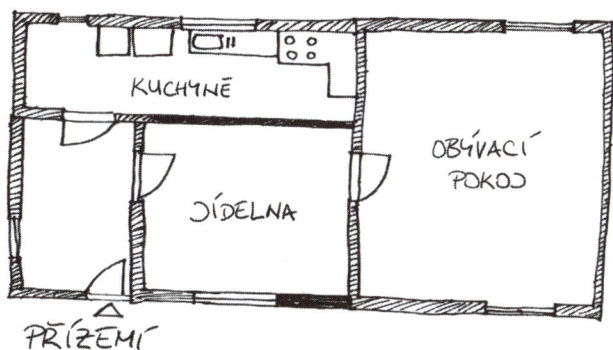

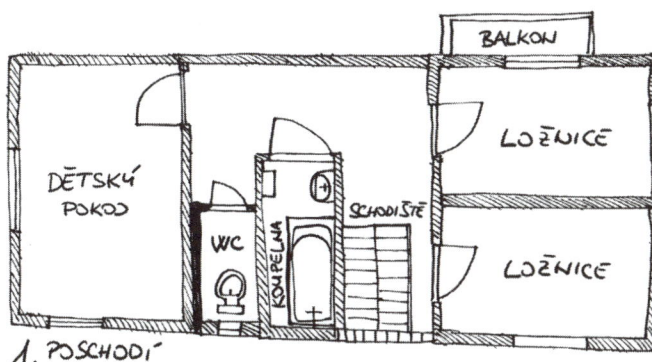

KUCHYNĚ

OBÝVACÍ POKOJ

JÍDELNA

PŘÍZEMÍ

BALKON

DĚTSKÝ POKOJ

WC

KOUPELNA

SCHODIŠTĚ

LOŽNICE

LOŽNICE

1. POSCHODÍ

🔊 1. Poslouchejte, čtěte a odpovězte na otázky.

69

💬 **a)** 1. Co je vpředu? 2. Co je vzadu? 3. Co je napravo? 4. Co je nalevo? 5. Co je dole? 6. Co je nahoře? 7. Co je vedle?

b) 1. Kde je řeka? 2. Kde rostou květiny? 3. Kde je dětský pokoj? 4. Kde je kuchyně? 5. Kde je les? 6. Kde je garáž? 7. Kde je jídelna? 8. Kde je malá zahrada? 9. Kde stojí vysoký strom? 10. Kde je obývací pokoj?

📑 2. Přečtěte a hledejte rozdíly.
Vzor: *Vpředu není malá zahrada, ale je tam _____.*

Tady na fotografii je naše chata. Vpředu parkuje naše auto, protože tady nemáme garáž. Vzadu jsou hory. Napravo je zahrada. Rostou tam stromy a květiny. Nalevo teče řeka Orlice. Dole v přízemí je kuchyně, sprcha a WC. Nahoře je malá ložnice. Vedle je les.

3. Hledejte názvy 5 místností.

L	A	M	L	I	P	N	T	R	Y	A	U	F	S	B	N
O	E	Č	E	R	K	E	N	M	P	M	I	V	S	L	P
Ž	K	S	P	O	U	L	J	D	O	Č	A	C	V	S	T
N	L	V	U	O	C	J	K	R	J	Í	D	E	L	N	A
I	V	D	T	R	H	Ž	O	V	Z	R	O	T	C	D	N
C	H	G	R	Ř	Y	O	J	K	V	N	V	R	I	G	Ě
E	U	H	W	Š	N	T	J	K	O	Á	Á	S	U	Y	D
D	M	J	Y	Ě	Ě	B	K	O	U	P	E	L	N	A	J

🔊 4. Poslechněte si text a řekněte, zda to je pravda, nebo ne.

70

1. Kuchyně je v přízemí.   ano – ne
2. Obývací pokoj je velký.   ano – ne
3. Vedle je velká garáž.   ano – ne
4. Jsou tam tři ložnice.   ano – ne
5. Ložnice jsou nahoře.   ano – ne
6. Dům nemá zahradu.   ano – ne
7. Obývací pokoj je v prvním poschodí.   ano – ne
8. Koupelna je nahoře.   ano – ne
9. Dům nemá jídelnu.   ano – ne
10. Vedle je park.   ano – ne

5. Přečtěte si text a doplňte.

V realitní kanceláři

A: Dobrý den, pane, co si přejete?
B: Chtěl bych si pronajmout malý zařízený byt.
A: Můžu vám nabídnout 1 + 1 v Jiráskově ulici. Je ve druhém poschodí.
B: Je tam **výtah**?
A: Ne, výtah tam není.
B: Kolik je **nájemné**?
A: Nájemné dělá 5000 korun za měsíc. Elektřinu, vodu a **topení** platíte zvlášť.
B: Můžu ten byt vidět?
A: Samozřejmě. Hned zítra.

V bytě

A: Vítám vás. Tak to je ten byt. V kuchyni máte **elektrický sporák**, **ledničku**, **skříň**, stůl a dvě **židle**.
B: A kde je pokoj?
A: Tady vedle. Je tady **gauč**, skříň, malá **knihovna**, **křeslo**, pracovní stůl a židle.
B: Můžu vidět koupelnu?
A: Samozřejmě. ... Ale **vana** tady není, jen **sprcha**.
B: To nevadí. Sprcha mi stačí.
A: Líbí se vám ten byt?
B: Ano, je hezký. Ale není tady velký **hluk**?
A: Ne, tady je **ticho**. Vedle je **park.**

1. Kim si chce pronajmout zařízený _____. 2. V Jiráskově ulici je _____ byt 1 + 1.

3. Je ve druhém _____. 4. V domě není _____. 5. _____ dělá 5 tisíc korun

za měsíc. 6. Nájemník platí ještě elektřinu, vodu a _____. 7. Kim chce byt _____. 8. Byt

se mu _____. 9. V kuchyni je elektrický _____, _____, _____, stůl a dvě

_____. 10. V pokoji je _____, skříň, _____, _____, pracovní stůl a židle.

11. V bytě není _____. 12. Vedle je _____.

➔ | jeden tisíc | dva, tři, čtyři tisíce | pět, šest, sedm... tisíc |

6. Přečtěte nahlas.

1. Student Nguyen bydlí v Praze v koleji. Platí kolejné 2550 Kč za měsíc. 2. Pan Ulrich bydlí v hotelu Imperial v Ostravě. Jeho pokoj stojí 1700 Kč za noc. 3. Adam a Eva Urbanovi mají podnájem v centru Prahy, platí nájemné 12 000 Kč za měsíc, elektřinu a plyn platí zvlášť. 4. Studentky Nataša a Irina bydlí v podnájmu ve Studentské ulici v Poděbradech blízko parku. Každá platí 4000 Kč za měsíc. 5. Novákovi nebydlí ve městě, ale na vesnici. Mají malý rodinný dům. Neplatí nájemné, ale za elektřinu a plyn platí asi 2500 Kč za měsíc.

7. Tvořte otázky.

1.	1. Elektřina stojí 3750 Kč za měsíc.
2.	2. Ve druhém poschodí.
3.	3. Vedle je ložnice a dětský pokoj.
4.	4. Ano, ten byt je hezký, ale trochu malý.
5.	5. Kuchyně je zařízená. Je tam nábytek, elektrický sporák a lednička.
6.	6. Ne, tenhle byt není zařízený.
7.	7. Samozřejmě. Koupelna je tady vedle.
8.	8. Ne, náš byt není v centru.
9.	9. Ano, dole v přízemí je malý obchod.
10.	10. Nahoře bydlí Horákovi.

8. Napište, jaký dům si přejete (podle cvičení 1).

🔊 **1. Poslouchejte a čtěte, pak dialogy změňte.**

71

Dialog 1

A: Ahoj, Martino!

B: Ahoj, Evo! Jé, to je ale překvapení! Kam **jdeš**?

A: **Jdu** do studovny. Tento týden tam **chodím** každý den. Učím se na zkoušku.

B: A co děláš dneska večer? Nechceš **jít** na kafe?

A: Je mi to líto, ale nejde to. Dnes večer **půjdeme** do divadla. Máme už lístky.

Dialog 2

A: Ahoj, Adame. Tady Kamil. Slyšíš mě?

B: Ahoj, Kamile. Slyším tě dobře. Co potřebuješ?

A: Nechceš **jet** v sobotu na výlet do Bratislavy?

B: Bohužel to nejde. **Jedeme** na chatu.

A: A co příští víkend? **Pojedete** taky na chatu?

B: Asi ano. **Jezdíme** teď na chatu skoro každý víkend.

Dialog 1: Eva jde do školy. Každou středu má angličtinu. Martina zve Evu na večeři. Eva děkuje, ale dnes večer půjde do kina.

Dialog 2: Kamil chce jet na víkend na hory. Zve Adama. Nejde to, protože Adam a Eva jedou na návštěvu. Chtějí navštívit babičku. Nejezdí tam moc často. Příští týden nepojedou nikam. Adam pracuje.

➡️ jdu pěšky × jedu autem, autobusem, vlakem, trolejbusem, taxíkem, tramvají

2. Doplňte verba „jít" nebo „jet".

1. _____ tramvají, protože nemám čas jít pěšky. 2. Kam _____, paní Musilová?

Na procházku. 3. Autobus číslo 177 _____ na Černý Most. 4. _____ (my) do kina pěšky,

protože kino je blízko. 5. Tenhle vlak _____ dost pomalu. 6. Kvapilovi _____ na večeři

do restaurace. 7. Kam _____, Roberte? Na nádraží. 8. Tuhle sobotu _____ (my)

na chatu. 9. Kam _____, Evo a Adame? Do divadla. 10. Kam _____ Eva a Adam?

Na výlet.

3. Dejte do futura věty ze cvičení 2 („půjdu" × „pojedu").

➔ Teď jdu do školy. × Každý pracovní den chodím do školy.

Teď jedu na výlet. × Každou sobotu jezdím na výlet.

4. Doplňte verba.

a) jít × chodit

1. Musilovi _____ na procházku. _____ na procházku velmi často.

2. Každý den _____ (já) do školy včas, ale dnes _____ pozdě.

3. Dnes večer _____ (my) do divadla. Jak často _____ do divadla? Jednou za dva týdny.

4. Eva _____ obyčejně na oběd do menzy, ale dnes _____ na oběd do restaurace.

5. Kam _____, Olgo? _____ nakupovat. Jak často _____ nakupovat?

_____ nakupovat každý pátek.

b) jet × jezdit

1. Každý rok _____ (my) na hory, ale tenhle rok ne_____ nikam, protože máme moc práce.

2. Tento týden _____ (já) do Olomouce. Ne_____ do Olomouce často, protože nemám peníze.

3. Řehákovi _____ do Prahy autem. Dnes ale _____ vlakem.

4. Kam _____ tuhle sobotu? Na chatu. _____ na chatu často? Ano, každý víkend.

5. _____ váš syn často vlakem do práce? Ano, ale dnes _____ do práce autem.

Hledáme cestu

A: Prosím vás, kde je tady hotel Labe? Je to ještě daleko?

B: Ne, je to blízko. Půjdete rovně až na konec ulice a potom zahnete doprava.

A: Děkuju mockrát.

B: Prosím. Není zač.

A: Pardon, je tady někde autoservis?

B: Ano, jeden autoservis je na náměstí Míru.

A: Jak se tam dostanu?

B: Tamhle na rohu ulice zahnete doleva, pojedete pořád rovně a pak zahnete doprava. Je to asi 500 m odtud.

A: Děkuju a na shledanou.

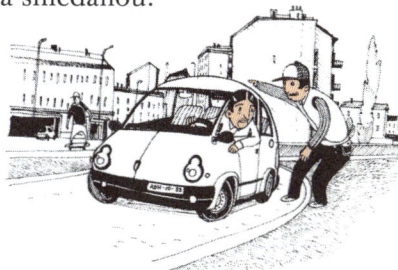

A: Promiňte, mladá paní, kudy se dostanu na Václavské náměstí?

B: Pěšky to je daleko. Musíte jet tramvají.

A: Která tramvaj tam jede, prosím vás?

B: Číslo 3.

A: A kde má zastávku?

B: Vidíte ten vysoký dům na konci ulice?

A: Ano, vidím.

B: Zastávka je hned naproti.

A: Dobrý den, jedu dobře na Filozofickou fakultu?

B: Bohužel ne. Musíte jet na stanici Staroměstská. Ta je na trase A. Teď jedete na Černý most a jste na trase B.

A: Jak se dostanu zpátky?

B: Musíte vystoupit a jet na stanici Můstek. Tam přestoupíte, směr Dejvická.

A: Děkuju vám.

◀))) 5. Poslechněte si text, přečtěte a doplňte minidialogy.
72

A: Kde je hotel Labe, prosím vás?

B: _____ .

A: _____ ?
B: Na Václavské náměstí jede tramvaj číslo 3.

A: Kde je zastávka tramvaje číslo 3?

B: _____ .

A: Prosím vás, kde je tady autoservis?

B: _____ .

A: _____ ?
B: Musíte jet na stanici Staroměstská.

A: Kde musím přestoupit?

B: _____ .

6. Spojte otázky a odpovědi.

1. Prosím vás, kde je pošta?
2. Promiňte, je na téhle ulici bankomat?
3. Pardon, jak je to daleko na nádraží?
4. Je tady někde blízko lékárna?
5. Prosím vás, není tady někde nějaká benzínka?
6. Promiňte, jedu na Hlavní nádraží.
   Musím přestoupit?
7. Jdu dobře na Staroměstské náměstí?
8. Jak se dostanu tramvají na Pražský hrad?
9. Promiňte, hledám Karlův most.
10. Autobusové nádraží Florenc, prosím?

a) Ne, musíte zpátky a pořád rovně.
b) Benzínka je asi 500 metrů odtud na hlavní
   silnici.
c) Pojedete tramvají číslo 22. Je to pátá zastávka.
d) Máte mapu? Můžu vám ukázat cestu.
e) Asi 10 minut.
f) Rovně a potom první ulice doleva.
g) Tady naproti. Nevidíte ty autobusy?
h) Lékárna je na hlavní ulici.
i) Ne, tady není žádný bankomat.
j) Ano, musíte přestoupit ve stanici Muzeum.

◀))) 7. Poslouchejte. Která je příští stanice?
73

Zličín, Pankrác, Vysočanská, Národní třída, Smíchovské nádraží, Náměstí Republiky, Hradčanská, Staroměstské náměstí, Křižíkova, Hlavní nádraží, I. P. Pavlova

1.   3.

2.   4.

◀))) 8. Poslouchejte, pak čtěte, správně vyslovujte.
74

1. **Kd**o je ten pán? Ně**kd**o, koho neznám. 2. **Kd**y a **kd**e se sejdeme? 3. Petr je ještě svobodný, ale teď ně**kd**y bude mít sva**tb**u. 4. Mám pro**sb**u, není tady ně**kd**e bankomat? 5. Na fo**tb**al ni**kd**y nechodím.

A: Dobrý den, řidičský průkaz, prosím.

B: Dobrý den, co se děje?

A: Tady **nesmíte** parkovat. Je tady zákaz parkování. **Musíte** zaplatit pokutu.

B: Omlouvám se, jsem cizinka. Kde **smím** parkovat?

A: Na parkovišti. Je tamhle na rohu. Vedle je hotel Slávie, vidíte?

B: Ano, děkuju vám.

A: Auto nejede. **Nemůžete** mi pomoct?

B: Bohužel, nejsem automechanik, ale policista. **Neumím** opravit auto. **Musíte** si zavolat do autoservisu.

A: **Nemůžete** mi říct, jaké číslo má autoservis?

B: **Můžu**. Mám to číslo určitě v mobilu.

A: Jste moc hodný, moc vám děkuju.

B: Není zač.

◀ 1. Poslouchejte, čtěte a odpovězte.

75

1. Kde jsou řidička a policista? 2. Co chce policista? 3. Proč chce řidičský průkaz? 4. Musí řidička opravdu zaplatit pokutu? 5. Kde může řidička parkovat? 6. Jezdí její auto dobře? 7. Umí policista opravit auto? 8. Kam musí řidička zavolat? 9. Zná policista telefonní číslo autoservisu? 10. Jste také řidič / řidička? Jak dlouho řídíte auto?

2. Řekněte, co dnes musí Eva dělat a v kolik hodin.

Vzor: *jít do školy – V 8 hodin ráno Eva musí jít do školy.*

hodiny: 10 hodin, 13 hodin, 15 hodin, 17 hodin, 19 hodin, 21 hodin, 23 hodin

aktivity: studovat angličtinu, jít spát, navštívit rodiče, jet do knihovny, koupit nějaký dárek, zaplatit nájemné, zavolat do autoservisu

3. Doplňte infinitivy.

(kouřit, parkovat, mluvit, pít, jíst, fotografovat, jezdit, vařit, telefonovat, chodit)

1. V pokoji nesmíte _____ kávu ani čaj.

2. Vegetariáni nesmějí _____ maso.

3. V bance nesmíte _____ .

4. Řidič nesmí _____ alkohol.

5. V galerii nebo v muzeu nesmíš _____ .

6. Na nádraží nesmíme _____ cigarety.

7. V parku nesmím _____ na kole.

8. V knihovně nesmíme _____ nahlas.

9. Na vyučování nesmíš _____ pozdě.

10. V Nádražní ulici nesmíte _____ .

4. Doplňte různé formy verba „moct".

1. (ty) _____ to zopakovat? Nerozumím. Jsem cizinka.

2. Jak se to píše? (vy) _____ to hláskovat?

3. (já) _____ vás představit? To je paní Nováková. To je můj manžel.

4. (my) _____ vám nabídnout levné zeleninové saláty.

5. (já) _____ si zkusit tenhle modrý svetr?

6. (my) _____ dostat minerálku? Ano, hned to bude.

7. (ty) _____ mi pomoct? Rád.

8. (my) _____ tady parkovat? Ano, tady není zákaz parkování.

9. (oni) Ne_____ studovat. Je tady velký hluk.

10. (já) _____ vidět ten byt? Samozřejmě.

5. Malý test: Řekněte, co umíte.

1. Umím plavat.	ano – ne	6. Umím fotografovat.	ano – ne
2. Umím jezdit na kole.	ano – ne	7. Umím řídit auto.	ano – ne
3. Umím mluvit česky.	ano – ne	8. Umím opravit auto.	ano – ne
4. Umím vařit.	ano – ne	9. Umím tancovat.	ano – ne
5. Umím hrát na klavír.	ano – ne	10. Umím hledat na internetu.	ano – ne

6. Tvořte otázky.

1.	1. Rovně a potom druhá ulice doprava.
2.	2. Jdete špatně. Musíte se vrátit zpátky na náměstí.
3.	3. Musíte jet tramvají. Jezdí tam tramvaj číslo 22.
4.	4. Je to asi 1 km odtud.
5.	5. Musíte vystoupit ve stanici Staroměstská.
6.	6. Je to třetí zastávka.
7.	7. Bankomat je vedle banky na náměstí.
8.	8. Musíš přestoupit na Karlově náměstí.
9.	9. Parkoviště je tamhle na rohu.
10.	10. Číslo autoservisu je 604 532 890.

7. Poslechněte si text a napište pořadí vět v dialogu.

76

a) Dobrý den. Bohužel je to trochu daleko. Nechcete jet autobusem?

b) Dobrý den. Promiňte, paní, hledám nádraží.

c) Dobrá, půjdete pořád rovně a na konci ulice zahnete doprava, potom půjdete zase pořád rovně až na náměstí. Vedle restaurace Avion zahnete doleva a potom pořád rovně po hlavní silnici, nádraží je na konci města.

d) Ne, půjdu pěšky. Nevadí mi to. Já rád chodím pěšky a mám čas.

e) Vidím, že je to opravdu dost daleko. Jak často jezdí autobus na nádraží?

f) První ulice napravo.

g) A kde je zastávka autobusu?

h) Potřebuju lístek?

i) Každých 30 minut.

j) Ne, jízdenku si můžete koupit v autobuse.

1._____ 2._____ 3._____ 4._____ 5._____ 6._____ 7._____ 8._____ 9._____ 10._____

8. Přečtěte si krátký vzkaz v e-mailu a odpovězte na otázky.

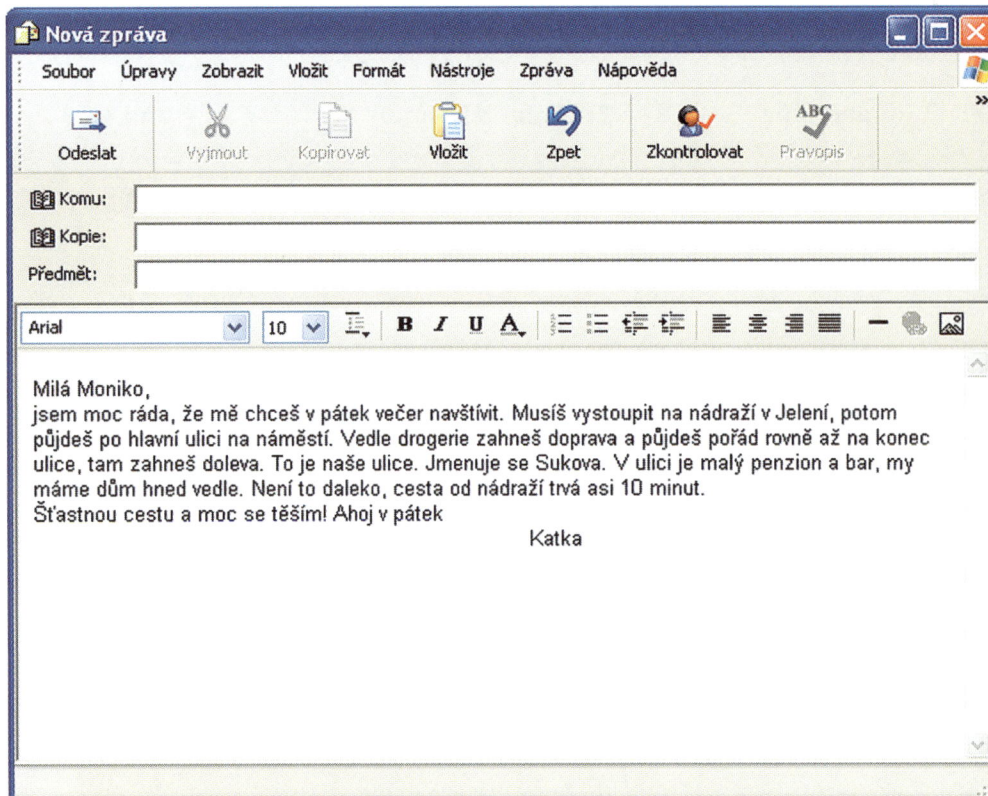

Nová zpráva

Soubor   Úpravy   Zobrazit   Vložit   Formát   Nástroje   Zpráva   Nápověda

Odeslat   Vyjmout   Kopírovat   Vložit   Zpet   Zkontrolovat   Pravopis

Komu:
Kopie:
Předmět:

Arial   10   **B** *I* U A

Milá Moniko,
jsem moc ráda, že mě chceš v pátek večer navštívit. Musíš vystoupit na nádraží v Jelení, potom
půjdeš po hlavní ulici na náměstí. Vedle drogerie zahneš doprava a půjdeš pořád rovně až na konec
ulice, tam zahneš doleva. To je naše ulice. Jmenuje se Sukova. V ulici je malý penzion a bar, my
máme dům hned vedle. Není to daleko, cesta od nádraží trvá asi 10 minut.
Šťastnou cestu a moc se těším! Ahoj v pátek

                                         Katka

---

1. Kdy pojede Monika na návštěvu? 2. Čím pojede na návštěvu? 3. Kde musí vystoupit? 4. Kam půjde Monika nejdříve? 5. Jak se dostane na náměstí? 6. Kde zahne doprava? 7. Kam půjde potom? 8. Jak se jmenuje ulice, kde bydlí její kamarádka Katka? 9. Co je v ulici, kde bydlí Katka? 10. Jak dlouho trvá cesta od nádraží?

9. Napište stejný vzkaz pro vašeho kamaráda / vaši kamarádku.

1. Přečtěte si inzeráty a odpovězte na otázky.

a) Hledám pronájem, potřebuji malý zařízený byt 1 + 1 nebo garsonku, 1. nebo 2. poschodí, klidná lokalita. Jsem zahraniční student. Nájemné + inkaso maximálně 6000 Kč za měsíc.

b) Pronajmu byt 2 + 1 ve Zlíně, zařízená kuchyně (kuchyňská linka + lednička, sporák), koupelna, WC, balkon. 3. poschodí. V domě není výtah. Nájemné – 8000 Kč. Další poplatky (elektřina, voda, ústřední topení): 3500 Kč. Kauce: 16 000 Kč.

c) Mladá rodina koupí byt 3 + 1, v osobním nebo družstevním vlastnictví v Praze. Balkon nebo terasa vítány. Konečná stanice metra B.

d) Prodám velký dům, přízemí (pracovna, kuchyně, jídelna, koupelna, WC) + 1. poschodí (obývací pokoj, 2 ložnice, dětský pokoj), balkon. Dům má velkou garáž pro 2 auta, bazén, krásnou ovocnou zahradu. Blízko zastávka autobusu, obchod, škola, školka. Cena v realitní kanceláři.

1. Kdo hledá malý byt nebo garsonku? 2. Co znamená byt 1 + 1? 3. Proč chce student klidné místo? 4. Kolik chce platit za byt? 5. Kde pronajmou druhý byt? 6. Kolik místností má ten byt? 7. Co je v kuchyni? 8. Kolik stojí nájemné a poplatky? 9. Kolik dělá kauce? 10. Kdo koupí byt v třetím inzerátu? 11. Kolik chtějí místností? 12. Kde chtějí koupit byt? 13. Kolik místností má byt ve čtvrtém inzerátu? 14. Má ten dům zahradu a garáž? 15. Co je blízko domu?

2. Podívejte se na plán a odpovězte na otázky.

a) Kde je autobusové nádraží, lékárna, muzeum, parkoviště, policie, pošta, kostel svatého Jiří, nemocnice, banka, zámek?

b) Řekněte, jak se jde z nádraží do nemocnice, z parkoviště na náměstí, z nádraží na policii, z nemocnice na poštu, z parkoviště na policii.

3. Pracujte s plánem Prahy.

Jste na Hlavním nádraží. Můžete hledat cestu pěšky, metrem, tramvají, autobusem.

a) chcete navštívit Národní divadlo,
   Karlův most,
   Botanickou zahradu,
   Národní muzeum,
   Pražský hrad

b) chcete jet na nádraží Praha-Holešovice,
   na letiště Praha-Ruzyně,
   na autobusové nádraží Smíchov-Na Knížecí,
   na Černý most,
   na kolej Kajetánka

1. Doplňte vhodná slova.
(10 slov, 20 bodů)

1. Rodina Horákova _____ v Praze. 2. Jejich byt je _____, mají družstevní byt 4 + 1.

3. Mají 2 _____, obývací pokoj, pracovnu a kuchyni. 4. _____ drahé nájemné a ještě

poplatky za elektřinu a topení. 5. Jejich byt je ve 3. _____. 6. Bohužel v domě není

_____. 7. Vedle domu je hlavní ulice a je tam velký _____ i v noci. 8. Jejich byt se jim

ne_____. 9. Chtějí si _____ malý dům na vesnici. 10. Chtějí mít _____ a bazén.

2. Utvořte věty a napište.
(5 vět, 10 bodů)

a) náměstí – nesmět – parkovat – pan Novák – na

b) Urbanovi – navštívit – zítra – jet – babička

c) (my) – jezdit – každý – vlak – na – výlet – sobota

d) jak – na – Pražský – prosím vás – (já) – dostat se – hrad

e) jít – zahnout – pořád – a – rovně – pak – doprava

3. Odpovězte na otázky celou větou.
(10 odpovědí, 20 bodů)
Vzor: *Kde bydlíte? Bydlím v Praze.*

1. Jaká je vaše adresa?
2. Bydlíte v podnájmu nebo v koleji?
3. Jezdíte domů tramvají, metrem nebo chodíte pěšky?
4. Kolik platíte za byt nebo za pokoj v koleji?
5. Máte řidičský průkaz?
6. Co chcete dělat o víkendu?
7. Umíte mluvit dobře anglicky?
8. Chcete si koupit byt nebo dům?
9. Co musíte dělat dnes večer?
10. Smíte ve škole kouřit?

◄))) 4. Poslechněte si krátké dialogy a doplňte čísla do vět.
77 *(10 číslovek, 20 bodů)*

1. Cesta na nádraží trvá _____ minut.

2. Musilovi platí za elektřinu _____ korun měsíčně.

3. Hotel Diplomat je asi _____ kilometrů odtud.

4. Kim bydlí v _____ poschodí.

5. Kosovi mají byt _____ + _____.

6. Helena musí zaplatit kauci _____ korun.

7. Jednolůžkový pokoj v hotelu stojí _____ korun za noc.

8. Musíte zaplatit pokutu _____ korun.

9. Tomáš měří _____ cm.

10. Ivana váží jen _____ kg.

Včera ráno vstal Omar v 6.45. V 7.30 jel tramvají do školy. Dopoledne studoval češtinu, fyziku a matematiku. Ve 13.00 šel na oběd do menzy. Po obědě hrál tenis. Pak šel do studovny. Opakoval si tam českou gramatiku a počítal příklady z fyziky. V 18 hodin už večeřel doma. Po večeři pracoval asi hodinu na počítači. Pak se díval na fotbal v televizi. Ve 23 hodin šel spát.

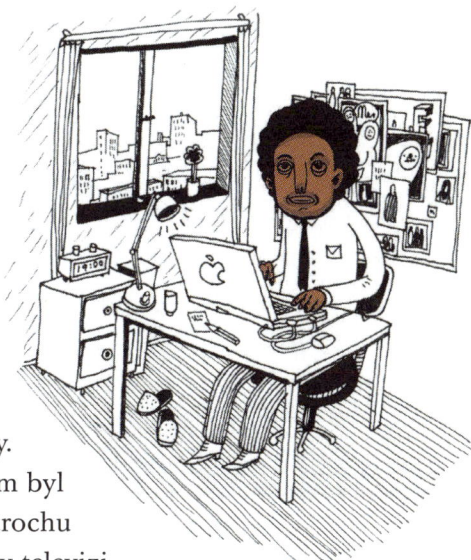

Předevčírem Eva vstala v sedm hodin ráno. Celé dopoledne měla přednášky na fakultě. Po obědě šla studovat do knihovny. Asi v pět hodin odpoledne šla nakupovat. Večeřela sama, Adam byl v práci. Po večeři doma chvíli uklízela a prala. Pak studovala trochu angličtinu, četla texty a psala úkol. Nakonec se dívala na film v televizi. O půlnoci šla spát.

V sobotu byli Královi na chatě. Ráno jeli nejdříve autem nakupovat do města. Potom pan Král pracoval na zahradě a paní Králová vařila oběd. Po obědě trochu odpočívali. Pan Král poslouchal hudbu a paní Králová četla časopis. Odpoledne šli do lesa na procházku. Večer navštívili sousedy a grilovali spolu kuřata. Spát šli až hodinu po půlnoci.

🔊 **1. Poslouchejte, čtěte a odpovězte na otázky.**

78

a) 1. V kolik hodin vstal včera Omar? 2. Kam jel tramvají? 3. Které předměty studoval dopoledne? 4. V kolik hodin šel na oběd? 5. Co dělal po obědě? 6. Co dělal ve studovně? 7. V kolik hodin večeřel? 8. Co dělal po večeři? 9. Na co se díval v televizi? 10. V kolik hodin šel spát?

b) 1. V kolik hodin vstala Eva předevčírem? 2. Co dělala dopoledne? 3. Co dělala po obědě? 4. V kolik hodin šla nakupovat? 5. Byl Adam večer doma? 6. Kde byl Adam? 7. Co dělala Eva po večeři? 8. Co se večer učila? 9. Na co se dívala v televizi? 10. V kolik hodin šla spát?

c) 1. Kde byli Královi v sobotu? 2. Kam jeli autem? 3. Kde pracoval pan Král? 4. Co dělala paní Králová? 5. Co dělali po obědě? 6. Co dělal pan Král? 7. Co dělala paní Králová? 8. Kam šli odpoledne? 9. Koho navštívili večer? 10. V kolik hodin šli spát?

◯ GRAMATIKA
Préteritum (minulý čas) – formy

PRAVIDELNÉ FORMY				NEPRAVIDELNÉ FORMY			
Infinitiv	**ON**	**ONA**	**ONI**	**Infinitiv**	**ON**	**ONA**	**ONI**

prac**ov**at
stud**ov**at
opak**ov**at
	pracoval
	studoval
	opakoval
		pracovala
		studovala
		opakovala
			pracovali
			studovali
			opakovali
				číst (čtu)
				chtít (chci)
				jíst (jím)
				jít (jdu)
				mít (mám)
				moct (můžu)
				otevřít
				  (otevřu)
				pronajmout
				  (pronajmu)
				říct (řeknu)
				zavřít (zavřu)
					četl
					chtěl
					jedl
					šel
					měl
					mohl
					
					otevřel
					
					pronajal
					řekl
					zavřel
						četla
						chtěla
						jedla
						šla
						měla
						mohla
						
						otevřela
						
						pronajala
						řekla
						zavřela
							četli
							chtěli
							jedli
							šli
							měli
							mohli
							
							otevřeli
							
							pronajali
							řekli
							zavřeli

děl**at** počít**at** odpočív**at**	dělal počítal odpočíval	dělala počítala odpočívala	dělali počítali odpočívali				
navštív**it** večeř**et** sed**ět**	navštívil večeřel seděl	navštívila večeřela seděla	navštívili večeřeli seděli				
psát (píšu) prát (peru) jet (jedu)	psal pral jel	psala prala jela	psali prali jeli				

2. Doplňte verba v minulém čase.

1. Včera Eva _____ v sedm hodin ráno.

2. V 8 hodin _____ autem do školy.

3. Dopoledne _____ přednášky a seminář na fakultě.

4. V jednu hodinu _____ v menze.

5. Potom _____ angličtinu ve studovně.

6. V pět hodin odpoledne _____ na volejbal.

7. Domů se _____ v sedm hodin večer.

8. Chvíli _____ v obývacím pokoji.

9. Pak se _____ na televizi.

10. V 11 hodin večer _____ spát.

➜ GRAMATIKA
Préteritum (minulý čas) – konjugace

Já: Hledal/a jsem bankomat. / Na ulici jsem hledal/a bankomat.	**My:** Hledali jsme informace. / Na internetu jsme hledali informace.
Ty: Hledal/a jsi cestu? / Kde jsi hledal/a cestu?	**Vy:** Hledal/a jste byt? / Kde jste hledal/a byt? Hledali jste byt? / Kde jste hledali byt?
On / Ona: Adam hledal hotel. / Eva hledala poštu.	**Oni:** Urbanovi hledali lékárnu v hypermarketu.
Negace: Nehledal jsem nic. Nic jsem nehledal.	

3. Vyprávějte v minulém čase (v préteritu).

a) Co říká Omar? Pozor na pozici formy „jsem".

1. Včera _____ v 6.45 hodin. 2. V 7.30 _____ tramvají do školy. 3. Dopoledne _____

češtinu, fyziku a matematiku. 4. V 13.00 _____ na oběd do menzy. 5. Po obědě _____ tenis.

6. Pak _____ do studovny, _____ tam gramatiku a _____ příklady z fyziky.

7. V 18 hodin _____ doma. 8. Po večeři _____ na počítači. 9. Pak _____

na fotbal v televizi. 10. Ve 23 hodin _____ spát.

b) Co říká pan Král? Pozor na pozici forem „jsem", „jsme".

1. V sobotu _____ na chatě. 2. Ráno _____ autem nakupovat do města. 3. Pak _____

na zahradě. 4. Manželka _____ oběd. 5. Po obědě _____ trochu _____. 6. _____

hudbu. 7. Manželka _____ časopis. 8. Odpoledne _____ do lesa na procházku.

9. Večer _____ sousedy. 10. _____ společně kuřata.

4. Odpovězte negativně.

Vzor: *Spal jsi odpoledne? → Ne, nespal (jsem). Spala jste odpoledne? → Ne, nespala (jsem).*
Spali jste odpoledne? → Ne, nespali (jsme).

1. Byl jste včera v kině? 2. Mluvili jste česky? 3. Jedla ten zákusek? 4. Navštívila jsi dědečka?
5. Koupili ten byt? 6. Četli rodiče ten dopis? 7. Pil jsi víno? 8. Zaplatili jste pokutu? 9. Otevřela jsi
okno? 10. Hráli jste šachy?

5. Tvořte věty v minulém čase.

1. Jarmila – pondělí – večeřet – (my) – a – v – restaurace – já – v
2. nečíst – (já) – včera – žádný – noviny – večer
3. Adam – pokuta – zaplatit – muset – špatně – parkovat – protože
4. Musilovi – nebýt – sobota – na – v – chata
5. kdy – mít – (ty) – narozeniny

◄)) 6. Poslouchejte a doplňte verba.

79

1. Růžena _____ včera v 6 hodin. 2. V 7 hodin ráno _____ metrem do práce. 3. Celé

dopoledne _____ v kanceláři až do oběda. 4. V poledne _____ na oběd. 5. Po obědě

_____ jít do banky a na poštu. 6. Ve 4 hodiny odpoledne _____ kurz angličtiny.

7. Potom _____ metrem domů. 8. Doma _____ večeři, trochu _____ a _____ .

9. Po večeři se _____ na televizi. V 11 hodin večer _____ spát.

A: Co budete dělat v neděli?

B: Pojedeme na výlet. Nechceš jet taky?

A: A kam pojedete?

B: Chceme jet na Karlštejn.

A: Čím tam pojedete? Autobusem?

B: Ne, vlakem. Odjíždí v 9 hodin ráno z Hlavního nádraží.

A: Nevíš, jaké bude počasí? Trochu se bojím, že bude zase pršet. A včera ráno bylo už dost zima.

B: Nemusíš se bát. Určitě bude hezky. Četl jsem předpověď počasí na internetu.

Předpověď na neděli

Polojasno až skoro jasno, ráno místy mlha. Noční teploty 3 °C až 7 °C, ráno ojediněle mráz. Denní teploty 16 °C až 20 °C. Vítr 4 m/s.

🔊 1. Poslouchejte, čtěte a pak doplňte text.

80

1. Martin a Tomáš chtějí jet v _____ na výlet. 2. Martin zve na _____ také Pavla. 3. Chtějí jet

_____ na Karlštejn. 4. Vlak odjíždí v 9 hodin _____ z Hlavního nádraží. 5. Pavel se bojí,

že bude _____. 6. Včera ráno bylo už dost _____. 7. Martin si myslí, že _____ hezky.

8. _____ předpověď počasí na internetu. 9. Ráno bude _____, ale ve dne bude až 20 °C.

10. Určitě nebude _____.

2. Spojte obrázky a druhy počasí.

jasno

polojasno

zataženo

déšť

bouřka

sníh

mlha

➲ GRAMATIKA
Préteritum ve větě bez subjektu

Je jasno.	→ **Bylo** jasno.	Prší.	→ **Pršelo**.
Je teplo.	→ **Bylo** teplo.	Sněží.	→ **Sněžilo**.
Je oblačno.	→ **Bylo** oblačno.	Mrzne.	→ **Mrzlo**.

💬 3. Řekněte, jaké aktuální počasí je v těchto městech.

Evropa			Svět		
Moskva	oblačno, déšť	20 °C	Novosibirsk	zataženo, sníh	-1 °C
Londýn	polojasno	22 °C	Peking	zataženo, déšť	15 °C
Berlín	oblačno, bouřka	24 °C	Nairobi	přeháňky	22 °C
Lisabon	skoro jasno	29 °C	Sao Paulo	zataženo, mlha	20 °C
Řím	jasno	34 °C	New York	oblačno	16 °C

4. a) Řekněte v prézentu. Použijte slovo „teď".
b) Potom řekněte informace v minulosti a v budoucnosti. Použijte slova „včera" a „zítra".

Vzor: *V Novosibirsku (padat) sníh.* → *Teď v Novosibirsku padá sníh. Včera v Novosibirsku padal sníh. Zítra bude v Novosibirsku padat sníh.*

1. V Moskvě (pršet), ale není tam zima. 2. V Římě je dost teplo a (svítit) tam slunce. 3. V Novosibirsku je teplota pod nulou a (sněžit) tam. 4. V Berlíně je oblačno, bouřka a (foukat) tam vítr. 5. V Sao Paolu (být) zataženo a mlha.

5. Změňte podle vzoru.
Vzor: *Bude jasno.* → *Bylo jasno.*

1. V neděli bude hezky. 2. Ve středu bude pršet. 3. V lednu bude sněžit. 4. O víkendu bude polojasno. 5. V únoru bude chladno. 6. V červenci bude teplo. 7. V sobotu bude zataženo. 8. Odpoledne bude ošklivo. 9. Ráno bude mrznout.

6. Přečtěte text a doplňte tabulku.

Jaké je počasí v České republice?

Na jaře v březnu je ještě dost chladno a často prší. I v březnu někdy padá sníh. V dubnu se počasí často mění. Někdy prší a fouká vítr, někdy svítí slunce. Hezké počasí je hlavně v květnu a v červnu. Je příjemně teplo (asi 20 °C) a kvetou stromy a různé květiny. V létě, hlavně v červenci a v srpnu, je teplo, někdy dokonce horko (až 30–35 °C nad nulou). Večer jsou často bouřky. Není to ale každý rok stejné. Někdy v létě hodně prší a není tak velké teplo. Na podzim v září a v říjnu je ráno a večer už chladno, ale přes den je ještě teplo (18–20 °C), obyčejně také moc neprší. V listopadu a prosinci naopak často prší, fouká vítr a někdy už padá sníh. Dny jsou hodně krátké a noci dlouhé. 21. prosince začíná zima. V zimě je venku velmi chladno, sněží a mrzne. Teploměr někdy ukazuje až 20 °C pod nulou.

Měsíc	teplota	déšť (ano)	sníh (ano)	vítr (ano)
leden				
únor				
březen				
duben				
květen				
červen				
červenec				
srpen				
září				
říjen				
listopad				
prosinec				

7. Doplňte výrazy v závorce.

(jaro, léto, podzim, zima, na jaře, v létě, na podzim, v zimě)

1. _____ začíná 21. června a končí 22. září. 2. _____ mrzne a padá sníh. 3. _____

kvetou stromy a různé květiny. 4. _____ začíná v prosinci a končí v březnu. 5. _____ je teplo,

někdy dokonce horko. 6. _____ trvá od 23. září do 20. prosince. 7. _____ začíná 21. března

a končí 20. června. 8. _____ často prší a fouká vítr.

8. Utvořte věty a napište.

1. nemít – (my) – rádi – a – zima – podzim
2. foukat – dnes – být – vítr – a – zataženo
3. jaký – v – být – počasí – pozítří – Praha
4. léto – být – bouřky – večer – často
5. březen – začínat – dvacátý první – jaro

🔊 9. Poslechněte si předpověď počasí a doplňte slova, která chybějí.

81

a) Zataženo, sníh, _____ místy déšť. Ranní teploty 1 ° až _____ ° Celsia.

Přes den _____ °C až _____ °C. Vítr _____ m/s.

b) Ráno místy _____. Přes den většinou _____. Na Moravě odpoledne _____.

Ráno slabý _____ vítr. Ranní teplota plus deset, odpolední _____ stupňů.

Část I – Výlet na Karlštejn

V neděli jeli tři zahraniční studenti Roman, Viktor a David na výlet na Karlštejn. Sešli se v hale na Hlavním nádraží v 8.30 ráno. U pokladny si koupili zpáteční jízdenku. Nečekali dlouho v hale, protože nádražní rozhlas brzo oznámil příjezd vlaku na páté nástupiště. Šli tam a nastoupili do vlaku. První vagon byl obsazený, ale druhý byl skoro prázdný. Vlak odjel z Hlavního nádraží přesně v 8.55 hodin. Cesta na zastávku Karlštejn trvala 45 minut. Pak šli pěšky nahoru na hrad. Koupili si vstupenky, malé občerstvení a chvíli čekali na prohlídku v angličtině. Prohlídka trvala hodinu a půl a byla moc zajímavá. Navíc průvodkyně mluvila dobře anglicky. Z hradu šli dolů do vesnice. Měli už velký hlad, a tak si dali oběd v restauraci nedaleko od nádraží. Odpoledne se vrátili vlakem zase zpátky do Prahy.

Část II – Hlášení na nádraží

A) Vážení cestující, prosím pozor, nastupujte do osobního vlaku číslo 9918 ve směru Praha-Smíchov, Praha-Radotín, Černošice, Všenory, Dobřichovice, Řevnice, Zadní Třebáň, Karlštejn, Srbsko, Beroun na nástupišti číslo pět, kolej devátá. Pravidelný odjezd v 8 hodin 55 minut.

B) Vážení cestující, prosím pozor, na nástupišti číslo pět, kolej devátá ukončete nástup do osobního vlaku číslo 9918 ve směru Beroun. Vlak je připraven k odjezdu.

1. Přečtěte si část I a odpovězte na otázky.

1. Co dělali zahraniční studenti v neděli? 2. Kde se sešli? 3. Jakou jízdenku si koupili? 4. Který vagon ve vlaku byl volný? 5. Jak dlouho trvala cesta vlakem? 6. Co si koupili na hradě? 7. Na co museli na hradě čekat? 8. Jak mluvila jejich průvodkyně? 9. Kde obědvali? 10. Kdy se vrátili zpátky do Prahy?

2. Poslechněte si část II a odpovězte na otázky. Odpověď zkontrolujte v učebnici.

82

1. Jaké číslo má vlak v hlášení? 2. Jak se jmenuje konečná stanice vlaku 9918? 3. Jaký typ vlaku jezdí na Karlštejn, osobní vlak nebo rychlík? 4. Zastavuje tento vlak ještě někde v Praze? 5. Kolikátá zastávka je Karlštejn? 6. V kolik hodin vlak odjíždí? 7. Na kterém nástupišti stojí vlak? 8. Na které koleji stojí vlak? 9. Co musí dělat cestující, když slyší hlášení A? 10. Můžou cestující ještě nastupovat, když slyší hlášení B?

3. Přečtěte tabulku podle vzoru a pak odpovězte na otázky.

Vzor: *Vlak _____ odjíždí z Prahy v _____ a přijíždí do Děčína v _____.*

Jízdní řád – Praha–Děčín – dopolední vlaky

Vlak	Odjezd	Příjezd	Poznámka
R 770	6.26	8.07	Jezdí denně
EC 178	7.22	8.56	Nejede 20. prosince
EC 176	9.22	10.56	Jede v sobotu a v neděli
R 772	10.26	12.05	Jezdí denně
EC 370	11.22	12.56	Nejede 2. prosince

1. Kolik vlaků jede dopoledne z Prahy do Děčína? 2. Jak dlouho jede rychlík 770 z Prahy do Děčína? 3. Jezdí tento vlak každý den? 4. Jak dlouho do Děčína jedou vlaky EC? 5. Jezdí vlaky EC každý den? 6. Který den nejedou? 7. Který vlak nejezdí v pondělí? 8. Kolik stojí obyčejná jízdenka (198 Kč)? 9. Kolik stojí zpáteční jízdenka (277 Kč)? 10. Musíme přestupovat?

⊙ GRAMATIKA
Předložky z / do + genitiv (forma substantiva)

Odkud jdeš? / Odkud jedeš?
Kam jdeš? / Kam jedeš?

Jdu z obchodu / do obchodu. Jedu z Chebu / do Chebu.	Jdu z banky / do banky. Jedu z Prahy / do Prahy.	Jdu z kina / do kina. Jedu z Brna / do Brna.
Jdu z pokoje / do pokoje. Jedu z Liberce / do Liberce. ž, š, ř, č, c, j + e	Jdu z drogerie / do drogerie. Jedu z Francie / do Francie.	Jdu z kadeřnictví / do kadeřnictví. Jedu z Ústí / do Ústí.
Pozor na města v M z / do Děčína, Kolína, Londýna, z / do Havířova, Sokolova Pozor na F-kons. někdy Jdu z / do místnosti. / Jedu z / do Břeclavi.	Jdu z garáže / do garáže. Jedu z Olomouce / do Olomouce.	

🔊 4. Poslouchejte, pak čtěte, správně vyslovujte.
83

1. Jeli jsme **z nádraží do hotelu** taxíkem. 2. Cesta vlakem **z Chebu do Aše** trvá asi 30 minut.
3. Autobus **z Olomouce do Brna** jezdí každý den. 4. Linka OK 270 **z Prahy do Káhiry** odlétá
ve 21.45. 5. Eva šla **z fakulty do knihovny** pěšky. 6. Novákovi jeli rychlíkem **z Kolína do Ostravy.**
7. Ten autobus jede **z České republiky do Itálie.** 8. Pojedeme **z Teplic do Ústí** autem. 9. **Z Curychu**
jsme letěli **do Paříže** letadlem. 10. Chceme jet na kole **z Opavy do Krnova.**

5. Odpovězte podle modelu.
Model: *Odkud je Pablo? (Španělsko). Pablo je ze Španělska.*
        Kam jede Pablo? (Španělsko). Pablo jede do Španělska.

a) 1. Odkud je ten e-mail? (Kanada) 2. Odkud telefonuješ? (autoservis) 3. Odkud se vracíte? (výlet)
4. Odkud přijíždí ten rychlík? (Brno) 5. Odkud odjíždí vlak do Kolína? (nástupiště číslo 3) 6. Odkud
máš ten časopis? (knihovna) 7. Odkud je tvůj kamarád? (Belgie) 8. Odkud vystupují ty ženy? (metro)
9. Odkud je ten dopis? (banka) 10. Odkud jede ta tramvaj? (zastávka U Anděla)

b) 1. Kam chodí Petr na oběd? (restaurace) 2. Kam půjdou Urbanovi večer? (divadlo) 3. Kam odlétá
to letadlo? (Francie) 4. Kam chceš jít odpoledne? (park) 5. Kam jede ten autobus? (Olomouc) 6. Kam
nastupují ti studenti? (tramvaj) 7. Kam odjíždí ten vlak? (Ústí) 8. Kam chcete zavolat? (hotel) 9. Kam
potřebuješ jet? (Liberec) 10. Kam se rádi vracíte? (Praha)

💬 6. Utvořte krátký text s těmito výrazy. Vyprávějte v minulém čase (my).

Na výletě
jet na výlet – jít na nádraží – koupit zpáteční jízdenku – nastoupit do vlaku – navštívit kamarády
na chatě – být hezké počasí – jít na procházku do lesa – grilovat kuřata – hrát tenis – vrátit se večer

🔊 7. Poslouchejte 3 hlášení a doplňte tabulku.
84

Vlak číslo	Směr vlaku	Nástupiště

1. a) Přečtěte si text. b) Doplňte na mapě A) sousední státy B) hory.

Česká republika

Česká republika je malý stát ve střední Evropě. Její sousední státy jsou: **na severu** Polsko a Německo, **na západě** Německo, **na jihu** Rakousko a **na východě** Slovensko. **Severní, západní** a zčásti **jižní** (přesněji jihozápadní) hranici tvoří hlavně hory. Nejsou moc vysoké, pouze 1000 až 1600 metrů nad mořem. Jsou to například Krkonoše (severní hranice), Jeseníky (severovýchodní hranice), Krušné hory (severozápadní hranice), Šumava (jihozápadní hranice). Také **východní** hranice částečně tvoří hory, které se jmenují Beskydy.

2. Doplňte výrazy v závorce. Pracujte s mapou.

(na severu, na sever, na jihu, na jih, na západě, na západ, na východě, na východ)

1. Město Liberec leží _____ Čech. 2. Rychlík z Prahy do Plzně jede _____. 3. Češi jezdí

rádi na dovolenou _____ do Itálie a do Chorvatska. 4. Který sousední stát je _____?

Slovensko. 5. Itálie leží _____ Evropy. 6. Mariánské Lázně jsou _____ Čech. 7. Když

jedeme do Polska, jedeme _____. 8. Když jedeme na Slovensko, jedeme _____.

3. Najděte opozita těchto nápisů.

1. Východ	a) Obsazeno
2. Otevřeno	b) Parkoviště
3. Přílet	c) Dámy
4. Odjezd	d) V provozu
5. Osobní vlak	e) Zavřeno
6. Zákaz parkování	f) Informace – mezinárodní linky
7. Mimo provoz	g) Rychlík
8. Volno	h) Odlet
9. Páni	i) Vchod
10. Informace – vnitrostátní linky	j) Příjezd

4. Najděte správnou repliku těchto minidialogů.

1. Jak dlouho trvá cesta do Prahy?	a) Na letišti v Moskvě je mlha.
2. Promiňte, je tady volno?	b) Ano. Kam to bude?
3. Prosím vás, na kterém nástupišti stojí rychlík do Plzně?	c) Přijede v devět hodin osmnáct minut.
	d) V Brně stojíme asi patnáct minut.
4. Kdy přijede vlak z Berouna?	e) Chcete tam jet autobusem nebo vlakem?
5. Nevíte, jak dlouho stojíme v Brně?	f) Dnes není žádný přímý let do Madridu.
6. Promiňte, už přijel rychlík z Ostravy?	g) Ještě ne, má dvacet minut zpoždění.
7. Haló taxi. ... Jste volný?	h) Třetí nástupiště, šestá kolej.
8. Můžete mi najít spojení z Prahy do Brna?	i) Osobním vlakem dvě hodiny, rychlíkem hodinu.
9. Je dnes nějaký přímý let do Madridu?	j) Ne, tohle místo je obsazené, ale tamhle u okna je volno.
10. Proč máme zpoždění?	

5. Odpovězte.

Jaké je dnes počasí? Jaké bylo včera počasí? Jaké bude zítra počasí?

1. Vyprávějte v minulém čase (já).
(10 slov, 20 bodů)

1. Minulý víkend _____ do Prahy. 2. U pokladny na nádraží _____ zpáteční jízdenku.

3. Chvíli _____ v hale, protože vlak měl 10 minut zpoždění. 4. Pak _____ do vlaku

na prvním nástupišti. 5. Do Prahy _____ ráno v 9 hodin. 6. _____ hezky a teplo.

7. _____ Pražský hrad a katedrálu svatého Víta. 8. _____ v jedné restauraci na Malé

Straně. 9. _____ kuřecí řízek a bramborovou kaši. 10. Odpoledne _____ zpátky domů.

2. Doplňte repliky minidialogů.
(10 slov, 20 bodů)

A: Co budeš dělat v neděli?

B: Pojedeme do _____.

A: Odkud je Igor?

B: Je z _____.

A: Kam jede ten vlak?

B: Jede do _____.

A: Kam chodíte na oběd?

B: Chodím do _____.

A: Odkud jezdí autobus do Ústí?

B: Z _____ číslo 8.

A: Kam musíte zavolat?

B: Musím zavolat do _____.

A: Odkud se vrátili?

B: Vrátili se z _____.

A: Je dnes nějaký přímý let do _____?

B: Ano, v 18.30.

A: Promiňte, kdy přijedeme do _____?

B: Za deset minut.

A: Čím jezdíte do _____?

B: Autem.

3. Tvořte otázky.
(10 otázek, 20 bodů)

1.	1. 21. března.
2.	2. Bude zima.
3.	3. Foukal vítr.
4.	4. V zimě.
5.	5. Hodinu a půl.
6.	6. 7 °C nad nulou.
7.	7. Vlakem.
8.	8. Na nádraží.
9.	9. Na východě.
10.	10. Ve 22.45.

◀)) 4. Poslouchejte text a určete správnou odpověď. (1 odpověď je správná.)
⁸⁵ Text uslyšíte celkem dvakrát.
(5 úkolů, 20 bodů)

1. Vlak je
a) rychlík   b) osobní vlak   c) expres

2. Vlak má číslo
a) 703   b) 753   c) 793

3. Vlak jede
a) do Chebu   b) z Chebu   c) do Jeseníka

4. Vlak
a) nemá zpoždění   b) má zpoždění dvanáct minut   c) má zpoždění patnáct minut

5. Vlakem můžu cestovat, když jedu
do a) Loun   b) Berouna   c) Lanškrouna

Výsledek: 80–72 je to velmi dobré, 72–56 dobré, 55–0 špatné, studujte a opakujte.

157 | **10. LEKCE**

A. Co se děje? Hoří! / Co se stalo? Měl/a jsem nehodu.

Adam byl celou noc v práci. Vrací se ráno domů. Jeho žena Eva je pryč. Jela do Brna. U zrcadla na chodbě má Adam tento vzkaz.

Miláčku,

doufám, že ses vrátil v pořádku. Je škoda, že se dnes sejdeme až večer. Musela jsem jet do Brna na konferenci. Mám pro Tebe několik důležitých informací:
- V bytě nefunguje topení. Asi v noci nešla elektřina.
- Na chodbě nesvítí žárovka.
- V koupelně neteče teplá voda.
- V kuchyni večer hořelo. Vařila jsem si večeři a zapomněla jsem pak vypnout sporák. Nemůžeš v kuchyni trochu uklidit ten nepořádek? Asi budeme muset zavolat do pojišťovny, co myslíš?
- Ztratila jsem měsíční jízdenku na tramvaj, stalo se to asi v knihovně. Šla jsem tam po škole. Na volejbal jsem musela jet autem. Bohužel se mi stala malá nehoda na parkovišti u sportovní haly. Auto nejezdí, je v autoservisu.
- Musíš nakoupit. V ledničce už není žádné jídlo. Já jsem nakoupit nemohla. Zapomněla jsem si v bundě kreditní kartu. Celý večer jsem tu kartu hledala.

a ještě jedna důležitá informace: Na víkend přijede maminka. Je už zdravá.

Už se moc těším na večer. Miluju Tě.

Tvůj brouček

📑 **1. Přečtěte si text a doplňte: a) co se stalo včera; b) co se stalo dnes.**

a) 1. Eva _____ dopoledne ve škole. 2. V poledne _____ v menze. 3. Po obědě _____ do knihovny. 4. V knihovně _____ měsíční jízdenku na tramvaj. 5. Na volejbal _____ jet autem. 6. Na parkovišti _____ malou nehodu. 7. Po volejbalu _____ domů. 8. _____ nakoupit, neměla kreditní kartu. 9. Vařila večeři a _____ vypnout sporák. 10. Celý večer _____ kreditní kartu.

b) 1. Adam _____ domů ráno z práce. 2. Eva _____ doma. 3. Topení v bytě _____. 4. V koupelně _____ teplá voda. 5. Na chodbě _____ žárovka. 6. V ledničce _____ žádné jídlo. 7. Nejdříve _____ do bankomatu pro peníze. 8. Potom _____ v obchodě jídlo. 9. Odpoledne _____ kuchyni a zatelefonoval do pojišťovny. 10. Večer _____ na Evu na nádraží.

158 | **10. LEKCE**

A. Co se děje? Hoří! / Co se stalo? Měl/a jsem nehodu.

2. Řekněte, co se děje.

Model: *Žárovka nesvítila.* → *Žárovka nesvítí.*

1. V domě naproti hořelo. 2. Netekla voda. 3. Nešel plyn. 4. Sporák nefungoval. 5. Venku pršelo.
6. Neměl jsem peníze na benzin. 7. Auto nejelo. 8. U nádraží byla nehoda. 9. Hledala tě policie.
10. Vlak měl zpoždění.

3. Doplňte, proč se to stalo. Hledejte logické vysvětlení.

Model: *Nemohl jet autobusem.* → *Ztratil jízdenku.*

1. Nemohl jít na večeři. 2. Musel zavolat hasiče. 3. Napsal špatně test z češtiny. 4. Platil pokutu.
5. Přišel pozdě domů. 6. Nemohla prát. 7. Nešli do divadla. 8. Monika neuklidila v ložnici.
9. V sobotu Královi nebyli na chatě. 10. Nemohli jsme sedět vpředu. 11. Vlasta si neobjednala maso.

➲ GRAMATIKA

Předložky v / na + lokál (forma substantiva)
Otázka „kde?"

Kde je Adam? V Praze.
Kde je Eva? Na Moravě.

Maskulinum	Femininum	Neutrum
l, s, z + e v kostele, v lese, na obraze **p, m, v, d, t, n + ě** ve sklepě, v domě, v Přerově, na hradě, na výletě, v Kolíně **k, h, r + u** ve vlaku, na jihu, na severu	**la → le, za → ze** ve škole, v menze **pa, ba, ma, va, da, ta, na →** **pě, bě, mě, vě, dě, tě, ně** v Evropě, na chodbě, v Limě, v Ostravě, na zahradě, na chatě, v koupelně **ka → ce** v bance **ha → ze** v Praze **cha → še** ve sprše **ra → ře** v opeře	**lo → le** v letadle, na zrcadle **to, no → tě, ně** v autě, na okně **ko → ku** na Slovensku
ž, š, ř, č, c, j + i v pokoji, na gauči	**e → i** v restauraci, na ulici **konsonant + i** v tramvaji, v posteli	**e/ě → i** na parkovišti, na letišti v moři
Pozor na mezinárodní slova! v hotelu, ve Vietnamu		**í → 0** v kadeřnictví, na nádraží

159 | **10. LEKCE**

A. Co se děje? Hoří! / Co se stalo? Měl/a jsem nehodu.

🔊 4. Poslouchejte, pak čtěte, správně vyslovujte.
86

1. Bydleli jsme **v hotelu v Chebu**. 2. Petr byl minulý rok **v Peru** a **v Bolívii.** 3. Byla nakupovat **v tržnici v Duchcově**. 4. Minulou sobotu jsme byli **v zámku v Sychrově**. 5. Dříve Jarmila bydlela **v garsonce v Kolíně**. 6. Nebyl jsem **v Těšíně**, ale **v Děčíně**. 7. Letadlo přistálo **v šest** hodin **v Ženevě**. 8. Mirek pracuje **v autoservisu v Aši**. 9. Dagmar Pecková zpívá dnes večer **v opeře v Ostravě**. 10. Večeřeli jsme **v restauraci v Liberci**.

5. Změňte podle modelu.
Model: *Šel do školy. → Teď je ve škole. Šla na nádraží. → Teď je na nádraží.*

a) 1. Libor šel do banky. 2. Jeli jsme do Brna. 3. Urbanovi šli do divadla. 4. Cestující nastoupili do vlaku. 5. Auto jelo do garáže. 6. Šla do kuchyně. 7. Šli do knihovny. 8. Jeli do Prahy. 9. Nastoupila do autobusu. 10. Šel do obchodu.

b) 1. Jeli na letiště. 2. Šla na poštu. 3. Letěl na Kypr. 4. Šli na zahradu. 5. Jeli jsme na venkov. 6. Šla na náměstí. 7. Šli na chodbu. 8. Jeli na výlet. 9. Šel na výstavu. 10. Šli nahoru na hrad.

💬 6. Podívejte se na obrázek a odpovězte.

1. Kde jsou kalhoty?
2. Kde je tričko?
3. Kde je bunda?
4. Kde jsou boty?
5. Kde je mobil?
6. Kde je tenisová raketa?
7. Kde je televizor?
8. Kde je květina?
9. Kde je kniha?

💬 7. Popište pokoj na obrázku.

💬 8. Odpovězte.

Co se vám stalo včera?

160 | 10. LEKCE

B. Co tě / vás bolí? Bolí mě hlava.

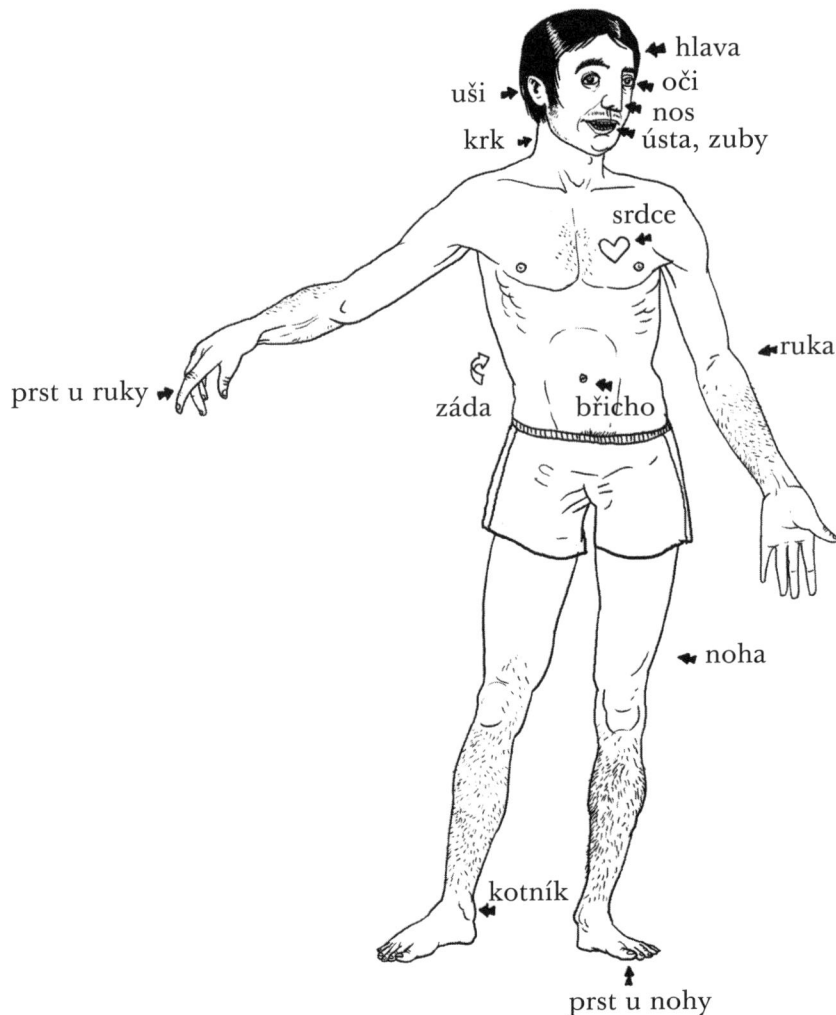

hlava
uši
oči
nos
krk
ústa, zuby
srdce
ruka
prst u ruky
záda
břicho
noha
kotník
prst u nohy

1. Přečtěte si texty 1–4 a najděte řešení problému A–D.

Jak jim je?

1. Kamil v noci špatně spal. Má teplotu. Bolí ho hlava. Má rýmu a kašel. Je mu špatně. Nemůže jíst. Má velkou žízeň.

2. Barbora vypadá špatně. Bolí ji žaludek. Má horečku. Zvrací všechno jídlo. Má také průjem.

3. Marta se necítí dobře. Už dlouho ji bolí záda. Nemůže v noci spát. A ve dne ji bolí každý pohyb.

4. Jiří spadl z kola dnes ráno na ulici. Nemůže chodit. Bolí ho noha. Má také zranění na ruce.

Co říká pan doktor / paní doktorka?

A Zranění ruky není vážné. Ale X. si zlomil nohu. Musí ho poslat na chirurgii. Tam mu dají nohu do sádry.

B Dostane léky. Nesmí sportovat, naopak musí hodně odpočívat. Každý den musí chodit na injekci. Ve čtvrtek půjde na rentgen.

C X. má chřipku. Musí ležet v posteli a odpočívat. Lékař mu dá recept na léky. Musí brát léky třikrát denně po jídle. Musí jíst také vitamíny a musí hodně pít.

D Situace je vážná. X. musí rychle na operaci. Teď dostane injekci a za chvíli pojede sanitkou do nemocnice.

161 | **10. LEKCE**

B. Co tě / vás bolí? Bolí mě hlava.

2. Co je bolí?

(břicho, hlava, krk, noha, oči, prst, ruka, ústa, záda, zuby)

1. Věra má angínu, bolí ji v _____. 2. Nesmíš mluvit nahlas, bolí mě _____. 3. Barbora zvrací

a má průjem. Bolí ji také _____. Musí rychle do nemocnice. 4. Jdu k zubaři, bolí mě _____.

5. Špatně chodíte. Nebolí vás _____? 6. Filip sedí celý den u počítače a večer ho potom bolí

_____. 7. Celou noc jsem psala úkol, bolí mě _____. 8. Spadl z kola na ruku. Bolí ho

jeden _____. 9. Jeli jsme dlouho autem a zapomněli jsme odpočívat. Teď nás bolí _____.

10. Alena celý večer mluvila. Teď ji bolí _____.

3. Doplňte správně formu osobního zájmena.

a) 1. Eva byla nemocná. Bolelo _____ v krku. 2. Nebolí _____ někdy záda, pane Kvapile? Ale

bolí, bolí _____ hlavně na jaře a na podzim. 3. Šli jsme pěšky 10 kilometrů a teď _____ bolí nohy.

4. Adam spadl na chatě ze stromu a bolí _____ kotník. 5. Celou noc tancovali na diskotéce

a teď _____ bolí hlava. 6. Vypadáš špatně. Co _____ bolí, Viktore? Žaludek. 7. Adam nemohl spát.

Bolely _____ zuby. 8. Monika si koupila malé boty. Teď _____ bolí prsty na noze. 9. Jsem zdravá.

Už _____ nic nebolí. 10. Studenti byli na očkování a teď _____ bolí ruka a nemůžou psát.

b) 1. Jak se cítíš? Je _____ špatně. 2. Tak, co _____ je, paní Nováková? Mám rýmu, kašel a bolí

mě v krku. 3. Musíme otevřít okno. Je _____ teplo. 4. Petr zavřel okno. Bylo _____ zima.

5. Kolik je _____ let, Davide? Je _____ 20. 6. Eva je unavená a není _____ dobře. 7. Doktor

řekl: Paní Králová, ten rentgen se _____ nelíbí. Budete muset jít na operaci. 8. Doktorka řekla,

že musím jíst zeleninu, ale zelenina _____ moc nechutná. 9. Není _____ špatně, Tamaro? Ne, to

nic není, jsem jen unavená. 10. Není _____ zima, pane Urbane? Můžu zapnout topení.

162 | **10. LEKCE**

B. Co tě / vás bolí? Bolí mě hlava.

4. Doplňte vhodná verba v minulém čase.

(bát se, bolet, brát, cítit se, dát, jít, mít, moct, odpočívat, říct, spát)

1. Adam se minulý týden ne_____ dobře. 2. V noci špatně _____. 3. Ne_____ nic jíst.

4. Celý den ho _____ hlava. 5. Pořád _____ žízeň. 6. _____, že to je něco vážného.

7. Ve středu _____ k doktorovi. 8. Lékař mu _____ recept na léky. 9. _____ mu, že musí

zůstat čtyři dny doma. 10. Adam _____ pravidelně léky, hodně _____ a teď už se zase cítí

dobře.

5. Co říká lékař a co musí / nesmí dělat pacient.

1. Otevřete ústa a řekněte „á"	a) Pacient musí otevřít ústa a říct „á".
2. Ukažte, kde vás to bolí.	b)
3. Dýchejte zhluboka.	c)
4. Nic nejezte a nepijte.	d)
5. Svlékněte se a lehněte si tady.	e)
6. Nehýbejte se.	f)
7. Otočte se na břicho.	g)
8. Oblékněte se a sedněte si.	h)
9. Zavřete oči.	i)
10. Přijďte ve čtvrtek na kontrolu.	j)

6. Uspořádejte dialogy.

U lékaře

  – Tak, co vás bolí?
  – Jak dlouho máte ty problémy?
  – Mám alergii na penicilin.
  – Jak často mám brát ty tablety?
  – Bolí mě v krku. Mám rýmu a kašel.
  – Včera večer jsem měl 39 °C.
  – Už dva dny.
  – Dobře, dám vám nějaký jiný lék.
  – Máte teplotu?
  – Dvakrát denně, ráno a večer.
  – Nemáte alergii na antibiotika?

U zubaře

  – Který zub vás bolí?
  – Bude to bolet?
  – Berete nějaké léky?
  – Tak a zub je venku.
  – Podívám se na to. Otevřete ústa.
  – Ne, dostanete injekci.
  – Asi tenhle nalevo nahoře. Nebo ten vedle...
  – Hm, osmička vlevo nahoře musí hned ven.
  – Ne, neberu žádné léky.
  – Nemáte na něco alergii?
  – Ne.

7. Najděte správnou otázku.

1.	1. Ano, mám zdravotní pojištění.
2.	2. Beru léky na srdce.
3.	3. Lékař mi dal penicilin.
4.	4. Musím brát léky třikrát denně, vždycky po jídle.
5.	5. 38 °C.
6.	6. Není mi dobře.
7.	7. Bolí mě tady dole napravo.
8.	8. Byl jsem u lékaře.
9.	9. Nemám žádnou alergii.
10.	10. Tamaru hospitalizovali v nemocnici.

8. Poslechněte si dialogy a napište, jaké problémy mají tyto osoby.

87

Helena: Pan Vrána:

paní Novotná: Martin:

9. Odpovězte.

Byl jste nemocný? / Byla jste nemocná? Co vám bylo? Co vám řekl lékař / lékařka?

Jste nemocný / nemocná? Brzy se uzdravte.

a) Na ulici

A: Promiňte, můžete mi pomoct?

B: Ano, co potřebujete? Jaký máte problém?

A: Ukradli mi auto.

B: Kde se to stalo?

B: Tamhle na parkovišti u náměstí.

A: Musíte ohlásit tu krádež na policii.
   Tady máte číslo a adresu policie.

b) Na dálnici

A: Pomoc!!!

B: Co se vám stalo?

A: Měli jsme autonehodu. Auto je rozbité. Já jsem
   zraněný a moje žena se nehýbe.

B: To bude v pořádku. Zavolám záchranku.

A: Je to hrozná smůla. Auto je úplně nové a ještě
   není pojištěné.

c) U nádraží

A: Pane, pane, kam jdete?

B: Na nádraží.

A: To nesmíte. Utečte! Rychle pryč!

B: Proč? Na nádraží snad hoří?

A: Ne, ale je tam prý bomba.

B: Jak to víte?

A: Někdo před chvílí nechal vzkaz na policii.

B: No ale jak se teď dostanu do Plzně?

A: Můžete jet autobusem nebo taxíkem.

d) Ve výtahu

A: Haló, to jsi ty, Adame?

B: Ano, samozřejmě, jsem to já, miláčku. Kde jsi?

A: Ve výtahu!

B: Proč mi voláš z výtahu?

A: Zůstala jsem tady. Výtah má poruchu. Nemůžeš někoho zavolat?

B: Aha. Hned zavolám opraváře. Jen klid.

1. Poslechněte si dialogy a odpovězte na otázky.

88

a) 1. Co ukradli na parkovišti? 2. Co musí ten pán XY udělat? 3. Na co se bude ptát policista? 4. Čím pojede pán domů? 5. Ukradli vám už také něco?

b) 1. Co se stalo? 2. Kolik lidí bylo v autě? 3. Je někdo zraněný? 4. Proč má řidič smůlu? 5. Měl/a jste už také někdy autonehodu?

c) 1. Kam jde ten pán? 2. Proč nemůže pokračovat? 3. Víte, kdo zavolal na policii? 4. Kam chce jet ten pán? 5. Čím tam může jet?

d) 1. Kde je Eva? 2. Co se jí stalo? 3. Je Eva klidná? 4. Proč volá manžela? 5. Zůstal/a jste někdy ve výtahu?

2. Přečtěte si znovu dialogy, podívejte se na obrázky a obrázky popište.

a) Na ulici stojí nějaký pán a prosí o pomoc. _____

b) Na dálnici se stala nehoda. _____

c) Muž jde na nádraží. _____

d) Eva je ve výtahu. _____

3. Jste svědek autonehody, řidič měl červenou, ale nezastavil a zranil na křižovatce osobu. Odpovězte na otázky policisty.

1. Jak se jmenujete?
2. Kdy jste se narodil/a?
3. Jaké je vaše povolání?
4. V kolik hodin přesně se nehoda stala?
5. Kde přesně se to stalo?
6. Kde se nehoda přesně stala?
7. Co jste viděl/a?
8. Co jste právě dělal/a?
9. Kdo řídil auto?
10. Kdo zavolal záchranku?
11. Znáte zraněnou osobu?

💬 **4. Reagujte na tyto věty. Najděte několik možných reakcí.**

1. Pan Pavlík měl autonehodu. _____

2. Musíte jít na operaci. _____

3. Ztratil jsem pas. _____

4. Nemůžeš mi půjčit 1000 korun? _____

5. Bojím se, že v neděli bude pršet. _____

6. V ledničce není žádné jídlo. _____

7. Bolí mě hlava. _____

8. Zapomněla jsem vypnout počítač. _____

9. Prosím vás, nemůžete mi pomoct? _____

10. Ujel mi autobus. _____

Pozor na předložky!

Kde jste?	Jsem **v** pokoji.	Jsem **na** zahradě.
Kam jdete?	Jdu **do** pokoje.	Jdu **na** zahradu.

5. Kam půjdete / pojedete?

(ambasáda, autoservis, banka, benzínka, cizinecká policie, čistírna, kavárna, kuchyně, lékárna, pošta)

1. Potřebuju léky. Jdu do _____. 2. Potřebuju povolení k pobytu. Jdu na _____.

3. Potřebuju opravit auto. Jedu do _____. 4. Potřebuju vízum, jdu na _____.

5. Chci si dát kávu. Jdu do _____. 6. Chci vařit oběd. Jdu do _____. 7. Chci si dát

vyčistit bundu. Jdu do _____ 8. Chci poslat dopis domů. Jdu na _____. 9. Potřebuju

benzin. Jedu na _____. 10. Chci si otevřít účet. Jdu do _____.

6. Odpovězte podle nápovědy. Pozor na předložky (v, na).

1. Kde vám ukradli peníze? (obchod, hotel, penzion, kolej, náměstí)
2. Kam pojedete na výlet? (hrad Křivoklát, hory, Brno, Morava, Opava)
3. Kde jste měli autonehodu? (parkoviště, křižovatka, les, most, dálnice)
4. Kam jel Adam? (autoservis, tenis, nádraží, chata, kino)
5. Kde je prý bomba? (letiště, hypermarket, škola, pošta, stadion)
6. Kam půjdete večer? (koncert, diskotéka, restaurace, návštěva, pivo)
7. Kde nesvítí světlo? (koupelna, chodba, pokoj, výtah, kuchyně)
8. Kam telefonujete? (policie, nemocnice, banka, fakulta, pojišťovna)
9. Kde jste ztratil pas? (bar, ulice, taxík, autobus, fotbal)
10. Kam jste dal mobil? (stůl, taška, auto, pokoj, skříň)

🔊 7. Poslechněte si hlášení. Co se stalo? Napište jednu větu.
89

V metru: Na nádraží:

V hypermarketu: V hotelu:

1. Přečtěte si tyto věty a vysvětlete je.

1. Co na srdci, to na jazyku.
2. Co oči nevidí, srdce nebolí.
3. Na jazyku med, v srdci jed.
4. Studené ruce, vřelé srdce.
5. Hlava velká, ale mozek malý.
6. Oko – do srdce okno.
7. Čtyři oči lépe vidí.
8. Ústa mluví, ale srdce nic neví.
9. Strach má velké oči.
10. I stěny mají uši.

2. Vyplňte dotazník pro vašeho lékaře.

1. Jméno a příjmení:
2. Datum narození:
3. Pohlaví:
4. Vaše zdravotní pojišťovna:
5. Máte očkovací průkaz?
6. Máte nějakou chronickou nemoc?
7. Berete pravidelně nějaké léky?
8. Měl/a jste nějakou operaci?
9. Měl/a jste nějaké vážné zranění?
10. Jak se cítíte teď?

3. Doplňte minidialogy.

A: Co ti je, Viktore? Ty nejdeš do školy?!

B: Ne, _____ se dnes dobře.

A: Viděla jste tu nehodu?

B: Ne, nic jsem neviděla. _____ jsem noviny.

A: Marie si zlomila ruku.

B: Co se jí _____?

A: Tak co, jak vám je, pane Kvapile?

B: Špatně. Pořád mě _____ hlava a mám kašel.

A: Jak často mám brát ty léky?

B: Musíte je brát dvakrát _____, ráno a večer.

A: Proč čekáš na chodbě?

B: _____ klíče v kanceláři.

A: Oto, proč jdeš tak pozdě?

B: Promiň, _____ mi autobus.

A: Kde jsi byl tak dlouho?

B: Byl jsem na policii. _____ mi pas.

A: Můžu vám nějak pomoct?

B: Ano, _____ parkoviště.

A: Proč se učíš v kuchyni?

B: V _____ nesvítí světlo.

🔊 **4. Tito lidé volali na záznamník. Poslechněte si jejich zprávu a napište**
90 **krátký vzkaz.**
Vzor: *Volal pan Horník. Zítra nemá čas.*

Volání č. 1:

Volání č. 2:

Volání č. 3:

Volání č. 4:

1. Doplňte tato slova ve správné formě.
(10 slov, 10 bodů)

(dálnice, hotel, chata, kuchyně, lékárna, restaurace, supermarket, výtah, zahrada)

1. Léky kupujeme v _____. 2. Adam a Eva večeřeli v _____. 3. Královi měli nehodu na

_____. 4. Sešli jsme se ráno v 8 hodin na _____. 5. Bydleli jsme v _____ Orion.

6. Paní Musilová pracovala včera celé odpoledne na _____. 7. Koupili jsme zeleninu a ovoce

v _____. 8. Ve _____ nesvítilo světlo. 9. Adam zapomněl klíče na _____.

10. Eva neuklidila nepořádek _____.

2. Doplňte správnou předložku „v" nebo „na".
(10 slov, 10 bodů)

1. _____ pokoji je teplo, ale _____ chodbě je zima. 2. Marta a Eva byly _____ výstavě, Tomáš byl

_____ kině. 3. Kamil ležel _____ nemocnici _____ chirurgii. 4. Byli jsme _____ kavárně _____ kávě.

5. Zapomněla jsem si mobil _____ kanceláři _____ stole.

3. Doplňte správné formy sloves v minulém čase (já).
(10 slov, 20 bodů)

1. Minulý týden _____ nemocný.

2. _____ jsem horečku a _____ mě celé tělo.

3. _____ navštívit lékaře na poliklinice.

4. Lékař mi _____, že mám chřipku.

5. _____ mi také recept na léky.

6. _____ brát léky třikrát denně po jídle.

7. Čtyři dny _____ v posteli, _____ léky a _____ teplý čaj.

4. Napište, co dělala Eva včera. Použijte tyto výrazy.
(10 vět, 20 bodů)

(ujet autobus, přijít pozdě do školy, studovat v knihovně, ztratit měsíční jízdenku, jet na volejbal, mít nehodu, zapomenout vypnout sporák, hasit oheň v kuchyni, chtít se připravovat na další den, nesvítit žárovka v pokoji ani v kuchyni)

Včera měla Eva špatný den _____

_____

_____

_____

_____

_____

_____

5. Doplňte, na co se ptá policista. Zkontrolujte si otázky podle poslechu.

91

Na policii

A: Dobrý den, dnes ráno mi ukradli auto.

B: _____?
A: V ulici, kde bydlím. Opletalova 77.

B: _____?
A: Škoda Fabia Combi.

B: _____?
A: Modrou barvu.

B: _____?

A: SPZ je 2C8 7360.

B: _____?
A: Naposledy jsem viděl svoje auto včera večer asi v 11 hodin.

B: _____?
A: Ne, ráno už tam nebylo.

B: _____?
A: Tady je můj řidičský průkaz a tady je technický průkaz.

I. Vokály (samohlásky)

Krátké vokály		Dlouhé vokály	
a	Adam, mapa	á	káva, tabák
e	Helena, nese	é	lépe, veselé
i/y	Ivan, pili / plyn, byty	í/ý	víno, milí / sýr, vysoký
o	Opava, kolo	ó	gól, bonbon
u	ujel, guma	ú/ů	úkol, můžu, dolů

II. Diftongy (dvojhlásky)

ou	sloup, koupou
au	auto, Laura
[eu	pneumatika]*
[2 vokály, které netvoří slabiku – neumět, naučit]*	

III. Jak čteme *i* + vokál?

ia [ija]	fialový, diabetik
ie [ije]	fotografie, Marie
ii [iji]	v Anglii, v Belgii
io [ijo]	rádio, penzion
iu [iju]	studium, Julius

* Jde o učivo probírané v učebnici A2.

IV. Jak čteme vokál + *i*

ai [aj]	*Raisa*	
ei [ej]	*Leila*	
oi [oj]	*Alois*	
ui [uj]	*Luisa*	

V. Konsonanty (souhlásky)

1. Konsonanty psané standardní latinkou – typické pro češtinu

b [b]	*bar, Líba*		**l** [l]	*léto, dole, spal*	
c [ts]	*citron, ulice, otec*		**m** [m]	*most, sama, dům*	
d [d]	*dole, záda*		**n** [n]	*nebo, ona, pán*	
f [f]	*film, telefon, haf*		**p** [p]	*papír, mapa, sklep*	
g [g]	*guma, logo*		**r** [r]	*ráno, hora, pozor*	
h [h]	*hora, noha*		**s** [s]	*salám, maso, les*	
j [j]	*jaro, pije, kraj*		**t** [t]	*tam, bota, byt*	
k [k]	*káva, ruka, rohlík*		**v** [v]	*voda, pivo*	
			z [z]	*zima, dezert*	

Pozor:
1) Konsonanty *b, d, g, h, v, z* mění výslovnost (viz neutralizace znělosti a asimilace znělosti).
2) Konsonanty *k, s, t* mění výslovnost (viz asimilace znělosti).
3) Konsonanty *d, t, n* mění výslovnost (viz jak čteme slabiky *di, ti, ni,* jak čteme písmeno *ě*).
4) Konsonant *c* mění výslovnost (viz asimilace znělosti).
5) Konsonanty *r, l* můžou tvořit slabiku (viz slabikotvorné *r, l*).

2. Konsonanty psané adaptovanou latinkou (s háčkem)

č [tʃ]	čaj, kočka, hasič		**ď** [dˊ]	ďábel, Naďa
ř [řˇ]	řeka, moře, lékař		**ň** [nˊ]	Soňa, kůň
š [ʃ]	škola, taška, koš		**ť** [tˊ]	ťukat, Míťa, síť
ž [ʒ]	žena, rýže			

Pozor:
1) Konsonanty ž, ď mění výslovnost (viz neutralizace znělosti a asimilace znělosti)
2) Konsonanty č, ř mění výslovnost (viz asimilace znělosti)

3. Jeden konsonant psaný 2 písmeny – *ch* [x]

ch [x]	chleba, ucho, Čech

4. Konsonanty netypické pro češtinu*

q [kv]	Quido
w [v]	watt, wolfram
x [ks]	xerox, praxe

Pozor: spojení *ex-* čteme   a) jako [eks], pokud následuje neznělý konsonant: *expert*
                                      b) jako [egz], pokud následuje znělý konsonant nebo vokál: *existovat*

VI. Jak čteme spojení konsonant + písmeno *ě*?

1. *bě, pě, vě, fě* → [bje], [pje], [vje], [fje]

bě	Bětka, obědvá, na chodbě
pě	pět, spěchá, na mapě
vě	Věra, devět, na Sázavě
fě	v Alfě, na Harfě /nízká frekvence/

2. mě → [mn´e]

mě	město, náměstí, v zimě

3. tě, dě, ně → [t´e], [d´e], [n´e]

dě	dělá, pondělí, na zahradě
tě	tělo, potěšení, letiště
ně	něco, Zdeněk, kuchyně

VII. Jak čteme slabiky *di, ti, ni / dí, tí, ní*?

1. Domácí slova

di [d´i]	divadlo, rodina, na lodi	dy [di]	Dyje, tadyhle, kudy
ti [t´i]	tiše, letiště, děti	ty [ti]	tyhle, netypický, kravaty
ni [t´i]	nic, lednička, páni	ny [ni]	Nymburk, unylý, hodiny
dí [d´i:]	díky, Ládík, radí	dý [di:]	dýchat, Londýn, mladý
tí [t´i:]	tíha, tatínek, platí	tý [ti:]	týden, Kristýna, pátý
ní [n´i:]	nízký, rovník, vyučování	ný [ni:]	nýbrž, Jeroným, krásný

2. Cizí slova

di [di]	diplomat, nadiktovat
ti [ti]	titul, demokratický
ni [ni]	nikl, technik

VIII. Slabikotvorné *r, l*

Konsonanty *r, l* mohou tvořit v češtině slabiku.

r [r°]	*krk, prst, brzo, prší, Petr, metr*
l [l°]	*vlk, mlč, Vltava, mlha, nesl, četl*

Slabičné *m* se obyčejně vokalizuje [um]: *sedm* [sedum], *osm* [osum].

IX. Neutralizace znělosti

Znělé konsonanty **b, v, d, ď, z, ž, g, h** se vyslovují jako neznělé.

b → [p]	*klub* [klu**p**], *pohyb* [pohi**p**]
v → [f]	*aperitiv* [aperiti**f**], *Miroslav* [mirosla**f**]
d → [t]	*rád* [ra: **t**], *hlad* [hla**t**]
ď → [t´]	*loď* [lo**ť**], *viď* [vi**ť**]
z → [s]	*obraz* [obra**s**], *zákaz* [za:ka**s**]
ž → [ʃ]	*muž* [mu**ʃ**], *garáž* [gara:**ʃ**]
g → [k]	*geolog* [geolo**k**], Oleg [ole**k**]
h → [x]	*jih* [ji**x**], *sníh* [sn´i:**x**]

Konsonant *ř* má znělou a neznělou variantu. Na konci slova je vždy neznělá varianta: *lékař* [lékař°], *haléř* [hale:ř°]. Na začátku a po vokálu je vždy znělý: *řeka, moře.*

X. Asimilace znělosti

1. Znělý konsonant *b, v, d, ď, z, ž, h* + neznělý konsonant *p, f, t, ť, s, š, k, ch, c, č* → neznělý konsonant [p, f, t, ť, s, ʃ, x] + neznělý konsonant [p, f, t, ť, s, ʃ, k, x, ts, tʃ]

Znělý konsonant se mění na neznělý konsonant podle tabulky:

b → [p]	*obs*azeno [opsazeno], *Arabka* [arapka], *obch*od [opxot], *obč*an [optʃan]
v → [f]	*vš*echno [vʃexno], *polévka* [pole:fka], *vch*od [fxot], *ovce* [oftse], *vč*era [ftʃera]
d → [t]	*odp*oledne [otpoledne], *kamarádka* [kamara:tka], *odch*ází [otxa:zi:]
ď → [ť]	*buďte* [butʼte], *loďka* [lotʼka], *Vlaďka* [vlatʼka]
z → [s]	*zp*ívá [spi:va:], *ztratil* [stratʼil], *hezký* [heski:]
ž → [ʃ]	*zvažte* [zvaʃte], *pražský* [praʃski:], *těžký* [tʼeʃki:]
h → [x]	*nehty* [nexti], *lehký* [lexki:], *knihkupec* [knixkupets]

Poznámka: Cvičení a příklady na spojení znělý konsonant + neznělý konsonant *c, č* jsou v učebnici A2.

2. Neznělý konsonant *t, s, k, c, č* + znělý konsonant *b, d, (g)* → znělý konsonant [d, z, g, dz, dʒ] + znělý konsonant [b, d, (g)]

Neznělý konsonant se mění na znělý konsonant podle tabulky:

t → [d]	*svatba* [svadba], *fotbal* [fodbal]
s → [z]	*sbírka* [zbi:rka], *prosba* [prozba]
k → [g]	*kbelík* [gbeli: k], *kde* [gde]
c → [dz]	*leckdo* [ledzgdo]
č → [dʒ]	*léčba* [le:dʒba]

Poznámka: Cvičení a příklady na spojení neznělý konsonant *c, č* + znělý konsonant *b, d, (g)* jsou v učebnici B1.

3. Asimilace znělosti u konsonantu ř

Vyslovujeme neznělé ř, když konsonant před ř nebo po ř je neznělý.
Vyslovujeme znělé ř, když konsonant před ř nebo po ř je znělý.

neznělé ř: *přítel, tři, středa, hořký*

znělé ř: *břicho, dřevo, samozřejmě, hřiště*

Poznámka: Cvičení a příklady na spojení konsonant ř + znělý konsonant nebo konsonant ř + neznělý konsonant jsou v učebnici A2.

4. Asimilace znělosti u skupiny *sh*

Čechy: *shořet* [sxořet], *na shledanou* [nasxledanou]

Morava: *shořet* [zhořet], *na shledanou* [nazhledanou]

Poznámka: Cvičení a příklady na výslovnost skupiny *sh* jsou v učebnici A2.

5. Asimilace znělosti po předložkách *v* a *z*

v parku, v Tunisku, v Těšíně, v zámku, v Ženevě, v kině, v Chebu [fparku, ftunisku, ft'exi:n'e, fza:mku, fʒenevje, fkin'e, fxebu]

z parku, z Francie, z Tuniska, z Těšína, z kina, z Chebu [sparku, sfrantsije, stuniska, st'exi:n'a, skina, sxebu]

Poznámka: Asimilace znělosti existuje také u dalších předložek. Vysvětlení, cvičení a příklady viz učebnice A2 (nebo B1). O vokalizaci předložek *v* a *z* viz Přehled gramatiky A1.

6. Asimilace znělosti při spojení 2 slov ve větě

Pozorujte: *Muž pil pivo.* → [muʃ pil pivo] × *Muž byl doma.* [muʒ bil doma]

Poznámka: Cvičení a příklady jsou v učebnicích A2 a B1.

Přehled znělých a neznělých konsonantů v češtině

	párové								nepárové							
znělé	b	v	d	ď	z	ž	g	h			m	n	ň	j	l	r	ř
neznělé	p	f	t	t́	s	š	k	ch	c	č							(ř°)

XI. Jak čteme dva stejné konsonanty?

Pozorujte: *Anna* [ana], *Hostinné* [host'ine:]

Poznámka: Cvičení a příklady jsou v učebnici A2 (nebo B1).

XII. Zjednodušení souhláskových skupin

Pozorujte: *jsem* [sem], *dcera* [tsera], *srdce* [srtse]

Poznámka: Cvičení a příklady jsou v učebnicích A2 a B1.

XIII. Ráz

Tvrdý hlasový začátek [ʔ] se chová jako neznělý konsonant. Ráz je v češtině fakultativní. Je možný v těchto situacích:

1. pauza + vokál: *Eva je tady.* [ʔeva je tadi]
2. předložka (prepozice) s vokálem + vokál: *v autě* [fʔautě], *do Ostravy* [doʔostravi]
3. prefix s vokálem + vokál: *samoobsluha* [samoʔopsluha], *neexistuje* [neʔegzistuje]
4. spojka (konjunkce) „*a*" a „*i*" + vokál: *Jan a Adéla* [jan aʔade:la], *Pavel i Alena* [pavel iʔalena]

Poznámka: Cvičení a příklady jsou v učebnici A2 (nebo B1).

XIV. Slovní přízvuk

Přízvuk je   a) **na 1. slabice**: *Pra*ha, *vy*soký, *ka*várna
          b) **na jednoslabičné předložce**: *do* školy, *na* stole
Některá slova (nazývají se enklitika) nemají samostatný přízvuk.

V učebnici A1 se vyskytují tato slova bez přízvuku:
   a) reflexivní formy *se, si*: *dívám se, kupuju si*
   b) formy pomocného verba *být* v préteritu: *byl jsem, psali jsme*
   c) osobní zájmena v dativu a akuzativu: *líbí se mi..., bolí ho...*

Pozice slov bez přízvuku ve větě – viz Přehled gramatiky A1.

Poznámka: Cvičení a příklady jsou také v učebnicích A2 a B1.

XV. Větná intonace

a) melodie oznamovacích vět a doplňovacích otázek
   klesavá melodie

Tady je kniha. Kde jsi byl?

— —   —
       —   —
          —   —
          —

b) melodie zjišťovacích otázek
   stoupavá melodie, stoupavě-klesavá melodie

Byl jsi tam? Máte modrou barvu?

          —   —
     —   — —   —
—   — —

Informace o pravopisném systému (ortografii) jsou v učebnicích A2, B1, B2.

■ I. SUBSTANTIVA (Podstatná jména)

■ A. ŽIVOTNOST

Osoby a zvířata jsou **životná** substantiva. Věci jsou **neživotná** substantiva.

■ B. ROD

Čeština má 3 rody: **maskulinum**, **femininum**, **neutrum**. **Životná** substantiva – osoby – mají rod **biologický**. **Neživotná** substantiva mají **gramatický** rod podle koncovky.

Základní formy rodu – nominativ singuláru

Maskulinum	Femininum	Neutrum
životná substantiva		
muž	*žena*	*(dítě)*
neživotná substantiva		
*hra**d**, počíta**č** **(-konsonant)**	*knih**a**, map**a** **(-a)**	*měst**o**, aut**o** **(-o)**
	*židl**e**, kuchyn**ě** **(-e, -ě)**	*moř**e**, letišt**ě** **(-e, -ě)**
	*poste**l**, místnos**t** **(-konsonant)**	*nádraž**í**, náměst**í** **(-í)**

Poznámka: Některá maskulina životná mají koncovku *-a* nebo *-e/ě* (*předseda Svoboda, soudce René Purkyně*). Některá substantiva cizího původu, která končí sufixem *-um* nebo *-a*, jsou neutra: *datum, muzeum, téma, schéma*. Některá substantiva mají adjektivní formy (životná: *vrátný* – M; *vrátná* – F; *průvodčí* – M; *průvodčí* – F; neživotná: *dovolená* – F; *nájemné* – N). Další informace o těchto substantivech – viz učebnice B1.

1. Tvoření feminin – obecná substantiva
Základní sufix je **-ka**.
Příklady: *student* → *student**ka***, *doktor* → *doktor**ka***.
Pozor: Některá substantiva mají jiný základ než maskulina!
Příklady: *otec* × *matka*, *bratr* × *sestra*.

2. Tvoření feminin – jména národností a státních příslušníků

Základní sufix je *-ka*.

Příklady: *Angličan → Angličanka, Rus → Ruska*.

Substantiva, která mají sufix *-ec*, tvoří feminina takto: *Němec → Němka, Ukrajinec → Ukrajinka*.

Pozor! Některá substantiva se netvoří pravidelně: *Polák → Polka, Slovák → Slovenka*.

Poznámka: Konsonanty *-k,-g,-h,-ch* před sufixem *-ka → -č, -ž, -š*. Příklady: *zpěvák → zpěvačka, biolog → bioložka, druh → družka, Čech → Češka*.

3. Tvoření feminin – příjmení

Základní sufix je *-ová*. Je to adjektivní forma.

Příklady: *Urban → Urbanová, Barták → Bartáková*

Pozor: Některá příjmení mají formu adjektiva už v maskulinu: *Černý → Černá, Dolejší → Dolejší*.

Poznámka: Pozorujte některé speciální případy:

-ec: Hudec → Hudcová, Němec → Němcová

-el: Havel → Havlová, Pavel → Pavlová

-ek: Jílek → Jílková, Hájek → Hájková

-en: Duben → Dubnová, Buben → Bubnová

Poznámka: Také některá křestní jména tvoří femininum – *Martin → Martina, Petr → Petra, Jaroslav → Jaroslava*. Další informace o tvoření feminin viz učebnice A2.

■ C. ČÍSLO

Substantiva mají obyčejně 2 formy čísla: **singulár** (jednotné číslo) a **plurál** (množné číslo).

Některá substantiva mají **jen singulár**.

Příklady: *rýže, plyn, benzin, slunce*.

Některá substantiva mají **jen plurál**.

Příklady: a) oblečení: *šaty, kalhoty*

         b) prostředky: *brýle, peníze, hodinky, noviny, šachy*

         c) potraviny: *špagety, hranolky*

         d) svátky a časové etapy: *Vánoce, Velikonoce, narozeniny*

         e) názvy regionů, měst, hor apod.: *Čechy, Poděbrady, Krkonoše*

         f) části těla: *záda, ústa*

Poznámka: Další informace o čísle v učebnici B1.

D. PÁD – variabilní forma substantiva ve větě

Významy pádů v učebnici A1

1. a) Nominativ singuláru

a) subjekt věty: **Student** čte knihu. **Eva** píše dopis. **Auto** jede. **Vlak** stojí. Co dělá **Adam**?

b) objekt fyziologicko-psychologického procesu: Bolí mě **hlava**. Líbí se mi **Praha**.

c) verbum být + predikát: To je **pan Barták**. Otec je **architekt**. Jeho jméno je **Jan**.

d) verbum jmenovat se + substantivum: Jejich syn se jmenuje **Matěj**.

e) verbum znamenat + substantivum: Slovo „house" znamená anglicky „**dům**".

1. b) Nominativ plurálu

a) subjekt věty: **Studenti** čtou knihy. **Sekretářky** píšou dopis. **Vlaky** stojí. Co dělají **děti**?

b) číslovka 2, 3, 4 + substantivum ve funkci subjektu: Tři **studenti** jeli na výlet. Na stole jsou čtyři **knihy**.

c) objekt fyziologicko-psychologického procesu: Bolí mě **nohy**. Líbí se mi ty **obrazy**.

d) verbum být + predikát: To jsou moji **přátelé**. Čas jsou **peníze**.

2. a) Genitiv singuláru

a) předložka do + substantivum (otázka kam): Vlak jede do **Prahy**. Letíme do **Londýna**.

b) předložka z(e) + substantivum (otázka odkud): Samir je z **Maroka**. Vracíme se z **výletu**.

c) předložka u + substantivum (otázka kde): Dům stojí u **řeky**. U **nádraží** byla nehoda.

d) předložka vedle + substantivum (otázka kde): Bydlím vedle **školy**. Vedle **hotelu** je park.

e) verbum + datum: Dnes je 1. **března**. Monika přijede 15. **července**. Podzim začíná 23. **září**.

d) detailní determinace substantiva: To je stanice **metra** Zličín. Jaké máš číslo **telefonu**?

2. b) Genitiv plurálu

číslovka 5, 6, 7, 8 … x + substantivum ve funkci subjektu / objektu: *Je pět* **hodin** *třicet* **minut**. *Venku je deset* **stupňů**. *Mám jen dvacet* **korun**. *Pokoj měří pět* **metrů**. *Platím za pět* **piv**.

3. a) Dativ singuláru

předložka *k* + substantivum (otázka *kam*): *Adam šel k* **doktorovi**. *Eva musí jít k* **zubaři**.

3. b) Dativ plurálu

Tato forma se v učebnici nevyskytuje. Příklad: *Šel ke kamarádům na návštěvu.*

4. a) Akuzativ singuláru

a) verbum + přímý objekt: *Adam navštěvuje* **bratra** *a* **sestru**. *Jíme* **rýži**. *Hledám* **park**. *Dítě pije* **mléko**.

b) verbum + předložka *na/za*: *Čekám na* **kamaráda**. *Děkuju Vám za* **dopis**.

c) pozdrav, přání: *Hezkou* **sobotu** *a* **neděli**. *Šťastnou* **cestu**.

d) předložka *na* + substantivum (otázka *kam*): *Adam jede na* **výlet**. *Eva jde na* **poštu**.

e) předložka *v* + substantivum (otázka *kdy*): *Přijedeme ve* **středu**. *Sejdeme se v* **jednu hodinu**.

f) výrazy *minulý, tenhle, příští* + substantivum času (otázka *kdy*): *Minulou* **neděli** *jsme byli doma. Tuhle* **středu** *bude 20. prosince. Příští* **sobotu** *jedeme na výlet.*

g) vyjádření frekvence (otázka *jak často*): *Eva má tenis každou* **středu**. *Vlak jezdí každou* **hodinu**.

h) předložka *za* + substantivum (otázka *jak často*): *Autobus tam jezdí dvakrát za* **hodinu**.

i) vyjádření trvání (otázka *jak dlouho*): *Studoval jen* **chvíli**. *Celou* **sobotu** *pršelo.*

j) předložka *za* + substantivum (otázka *za jak dlouho*): *Vrátím se za* **chvíli**. *Vlak pojede za* **hodinu**.

4. b) Akuzativ plurálu

a) verbum + přímý objekt: *Vítám* **hosty**. *Kupuju* **květiny**. *Jíme* **jablka**.

b) verbum + předložka *na/za*: *Čekám na* **kamarády**. *Děkuju Vám za* **dopisy**.

c) číslovka 2, 3, 4 + substantivum ve funkci objektu (předložka + objekt): *Kupuju tři* **květiny**. *Platím za dvě* **piva**.

d) pozdrav, přání: *Veselé* **Vánoce**. *Hezké* **svátky**.

e) předložka *na* + substantivum (otázka *kam*): *Urbanovi jezdí často na* **výlety**.

f) předložka *za* + číslovky 2, 3, 4 + substantivum (otázka *jak často*): *Jednou za tři* **měsíce** *chodíme do divadla*.

g) číslovky 2, 3, 4 + substantivum (otázka *jak dlouho*): *Studoval matematiku dvě* **hodiny**. *Pršelo tři* **dny**.

h) předložka *za* + číslovky 2, 3, 4 + substantivum (otázka *za jak dlouho*): *Vrátím se za dvě* **minuty**.

5. Vokativ singuláru a plurálu

Oslovení osob: *Ahoj,* **Adame**! *Co děláš,* **Evo**? *Milá* **Marie**! *Vážení* **přátelé**!

6. Lokál singuláru a plurálu

a) předložka *v* + substantivum (otázka *kde*): *Filip pracuje v* **Praze**. *V* **pokoji** *je klavír. Bydlí v* **Poděbradech**.

b) předložka *na* + substantivum (otázka *kde*): *Auto stojí na* **ulici**. *Čekáme na* **nádraží**.

c) předložka *po* + substantivum (otázka *kdy*): *Přijdu po* **obědě**. *Přišli po* **půlnoci**.

7. a) Instrumentál singuláru

Vyjádření prostředku (otázka *čím*): *Do práce jezdím* **vlakem** *a na chatu* **autem**.

7. b) Instrumentál plurálu

Tato forma se v učebnici nevyskytuje. Příklad: *Do práce jezdíme autobusy č. 113 a č. 57.*

Formy pádů v učebnici A1

1. Nominativ plurálu

Maskulinum	Femininum	Neutrum
životná substantiva		
studenti, muži	*ženy, přítelkyně*	*(kuřata)*
neživotná substantiva		
byty, vlaky	*květiny, hodiny*	*města, auta*
pokoje, počítače	*židle, kuchyně*	*moře, letiště*
	postele, garáže	*nádraží, náměstí*
	místnosti	

Poznámka: V učebnici nejsou tyto formy systematicky vysvětleny, systematické vysvětlení nominativu plurálu je uvedeno v učebnici A2.

Příjmení mají v nominativu plurálu koncovku *-ovi*.
Příklady: *Eva a Adam Urban**ovi**, manželé Kvapil**ovi**.*

Poznámka: Nepravidelný plurál – *přítel → přátelé; dítě* (N) *→ děti* (F); *manžel → manželé; rodič → rodiče; oko → oči; ucho → uši; ruka → ruce.*

2. a) Genitiv singuláru – neživotná substantiva

Maskulinum	Femininum	Neutrum
To je obchod. Jdu z obchod**u** / do obchod**u**. To je park. Jde z park**u** / do park**u**.	To je banka. Jdu z bank**y** / do bank**y**. To je Praha. Jedu z Prah**y** / do Prah**y**.	To je kino. Jdu z kin**a** / do kin**a**. To je divadlo. Jdu z divadl**a** / do divadl**a**.
-j, -c, -č, -ř, -š, -ž To je pokoj. Jdu z pokoj**e** / do pokoj**e**. To je Liberec. Jede z Liberc**e** / do Liberc**e**.	To je drogerie. Jde z drogerie / do drogerie. To je kuchyně. Jdu z kuchyně / do kuchyně.	(To je nebe.) (Letí z nebe / do nebe.) To je Hradiště. Jedu z Hradiště / do Hradiště.
	To je garáž. Jdu z garáž**e** / do garáž**e**. To je tramvaj. Vystupuju z tramvaj**e** / nastupuju do tramvaj**e**.	To je kadeřnictví. Jdu z kadeřnictví / do kadeřnictví. To je Ústí. Jedu z Ústí / do Ústí.
	To je místnost. Jdu z místnost**i** / do místnost**i**. To je Břeclav. Jedu z Břeclav**i** / do Břeclav**i**.	

Zapamatujte si:
-ov: Jedu z Harrachov**a** / do Harrachov**a**. Jedu z Havířov**a** / do Havířov**a**.
-ín/ýn: Jedu z Kolín**a** / do Kolín**a**. Jedu z Londýn**a** / do Londýn**a**.
Některé další případy: Jdu z les**a** / do les**a**. Jdu z kostel**a** / do kostel**a**. Jdu z muze**a** / do muze**a**.
Letím ze Řím**a** / do Řím**a**. Letím z Egypt**a** / do Egypt**a**.

Poznámka: Pozorujte některé speciální případy:
-ec: Hradec: Jedu z Hradce / do Hradce.– Chlumec: Jedu z Chlumce / do Chlumce.
-ek: Písek: Jedu z Písku / do Písku. – Damašek: Jedu z Damašku / do Damašku.
-eň: Plzeň: Jedu z Plzně / do Plzně. – Choceň: Jedu z Chocně / do Chocně.
dům: číslo domu; stůl: číslo stolu; vůz: číslo vozu.

2. b) Genitiv plurálu

Poznámka: Formy genitivu plurálu v učebnici nevysvětlujeme systematicky, systematické vysvětlení genitivu plurálu je uvedeno v učebnici A2.

Pozor: Genitiv plurálu se vyskytuje v učebnici někdy u substantiv – geografických jmen – po předložkách do (otázka kam), z (otázka odkud).

Pozorujte některé frekventované případy

Maskulinum	Femininum	Neutrum
Poděbrady *Jedu z Poděbrad / do Poděbrad.* *Vinohrady* *Jedu z Vinohrad / do Vinohrad.*	*Čechy* *Jedu z Čech / do Čech.*	
Karlovy Vary *Jedu z (Karlových) Varů /* *do (Karlových) Varů.* *Jeseníky* *Jedu z Jeseníků / do Jeseníků.*	*Krkonoše* *Jedu z Krkonoš / do Krkonoš.* *Mariánské Lázně* *Jedu z Mariánských Lázní /* *do Mariánských Lázní.*	
	Budějovice *Jedu z Budějovic / do Budějovic.*	

3. a) Akuzativ singuláru

Maskulinum životné	Femininum: *-a*	Neutrum: *-o*
To je profesor, student. *Vidím profesora, studenta.*	*To je profesorka, studentka.* *Vidím profesorku, studentku.*	*To je auto.* *Vidím auto.*
Maskulinum: *-j, -c, -ž, -š, -ř, -č, -tel*	**Femininum: *-e/-ě***	**Neutrum: *-e/-ě***
To je Matěj, Vincenc, Ambrož, *Tomáš, Řehoř, prodavač, přítel.* *Vidím Matěje, Vincence, Ambrože,* *Tomáše, Řehoře,* *prodavače, přítele.*	*To je restaurace, přítelkyně.* *Vidím restauraci, přítelkyni.*	*To je moře, letiště.* *Vidím moře, letiště.*
Maskulinum neživotné	**Femininum: *-konsonant***	**Neutrum: *-í***
To je hrad, pokoj. *Vidím hrad, pokoj.*	*To je tramvaj, místnost.* *Vidím tramvaj, místnost.*	*To je náměstí.* *Vidím náměstí.*

Zapamatujte si:
-ec: otec: Vidím otce. Hudec: Vidím pana Hudce.
-ek: dědeček: Vidím dědečka. Čapek: Vidím pana Čapka.
-el: Pavel: Vidím Pavla. Havel: Vidím Václava Havla.
pes: Vidím psa.

Poznámka: *Přijedu na podzim. Na podzim často prší. (Kdy?)* → akuzativ singuláru.

Seznam verb + předložka *na* / *za* v učebnici A1

čekat na: Adam čeká na Evu. Martina čeká na tramvaj.
dívat se na: Eva se dívá na Adama. Tomáš se dívá na televizi.
hrát na: Eva hraje na klavír.
mít čas na: Adam nemá čas na tenis.
mít chuť na: Máme chuť na bramborovou kaši.
odpovídat na: Student odpovídá na otázku.
ptát se na: Nějaká žena se ptá na cestu.

děkovat za: Děkuju za dárek.
platit za / zaplatit za: Adam platí za večeři. Musíme zaplatit za elektřinu.

3. b) Akuzativ plurálu

Formy akuzativu plurálu v učebnici nevysvětlujeme systematicky, systematické vysvětlení akuzativu plurálu je uvedeno v učebnici A2.
Neživotná substantiva + feminina + neutra: nominativ plurálu = akuzativ plurálu.

4. a) Vokativ singuláru – frekventované formy

Maskulinum	(Maskulinum: *-j, -c, -ž, -š, -ř, -č, -tel*)	Femininum
To je Adam, Filip, Robert. *Jak se máš, Adame, Filipe, Roberte?* *Jak se máte, pane Urbane?*	*To je Matěj, Vincenc, Ambrož, Tomáš, Řehoř, přítel.* *Jak se máš, Matěji, Vincenci, Ambroži, Tomáši, Řehoři, příteli?*	*To je Eva, Helena, Martina.* *Jak se máš, Evo, Heleno, Martino?* *To je Lucie, Marie, Emílie.* *Jak se máš, Lucie, Marie, Emílie?* *To je Dagmar, Ester, Miriam.* *Jak se máš, Dagmar, Ester, Miriam?* *Jak se máte, paní Urbanová?* *Jak se máte, slečno Kvapilová?*

Poznámka: Pozorujte některé speciální případy:

Maskulina: *-el*: Pavel, Karel: *Ahoj Pavle, Karle!*

    -ek: Marek, Radek, tatínek: *Ahoj, Marku, Radku! Milý tatínku!*

    -k: pan Novák, pan Horák: *Dobrý den, pane Nováku, pane Horáku!*

    -ch: Bedřich, Jindřich: *Ahoj Bedřichu, Jindřichu!*

    -tr: Petr, bratr: *Ahoj, Petře! Milý bratře!*

    -ec: otec: *Milý otče!*

4. b) Vokativ plurálu = nominativ plurálu

Příklady: *Jak se máte, kamarádi? Dámy a pánové! Vážení cestující!*

5. a) Lokál singuláru – neživotná substantiva

Maskulinum	Femininum	Neutrum
-l, -s, -z + e *v kostele, v lese, na obraze* *-p, -m, -v, -d, -t, -n + ě* *ve sklepě, v domě, v Přerově,* *na hradě, na výletě, v Kolíně* *-k, -g, -h, -ch, -r + -u* *ve vlaku, v Haagu, na jihu,* *ve vzduchu, na severu*	*-la → -le, -sa → -se, -za → -ze* *ve škole, na adrese, v menze* *-pa, -ba, -ma, -va, -da, -ta,* *-na → -pě, -bě, -mě, -vě, -dě,* *-tě, -ně* *v Evropě, na chodbě, v Limě,* *v Ostravě, na zahradě,* *na chatě, v koupelně* *-ka → -ce v bance* *-ha → -ze v Praze* *-cha → -še ve sprše* *-ga → -ze v Rize* *-ra → -ře v opeře*	*-lo → -le, -so → -se* *v letadle, v mase* *-to, -no → -tě, -ně* *v autě, na okně,* *-ko → -ku* *na Slovensku* *-cho →-chu* *v uchu* *-go → -gu* *v Kongu* *-ro → -ru* *v metru*
-ž, -š, -ř, -č, -c, -j + i *v pokoji, na gauči*	*-e →-i* *v restauraci, na ulici* *-konsonant + i* *v tramvaji, v posteli*	*-e →-i* *na parkovišti, v moři*
		i → 0 *v kadeřnictví, na nádraží*

Poznámka: Další informace o lokálu singuláru substantiv – viz učebnice A2.

5. b) Lokál plurálu

Formy lokálu plurálu v učebnici nevysvětlujeme systematicky, systematické vysvětlení lokálu plurálu je uvedeno v učebnici B1.

Pozor: Lokál plurálu se vyskytuje v učebnici někdy u substantiv – geografických jmen – po před-ložkách *v* nebo *na*.

Pozorujte některé frekventované případy

Maskulinum	Femininum	Neutrum
To jsou Poděbrady. Jsem v Poděbradech. To jsou Vinohrady. Jsem na Vinohradech. To jsou Karlovy Vary. Jsem v Karlových Varech.	To jsou Čechy. Jsem v Čechách. To jsou Krkonoše. Jsem v Krkonoších. To jsou Mariánské Lázně. Jsem v Mariánských Lázních. To jsou Budějovice. Jsem v Budějovicích.	

6. Instrumentál singuláru

Maskulinum	Femininum	Neutrum
Jedu vlak**em**.	Jedu sanitk**ou**.	Jedu metr**em**.
(Otvírám klíč**em**.)	(Jím lžíc**í**.)	
	Jedu tramvaj**í**, plujeme lod**í**.	

■ II. ADJEKTIVA (Přídavná jména)

■ A. ADJEKTIVA TVRDÁ

Formy pádů v učebnici A1

1. a) Nominativ singuláru

Maskulinum	Femininum	Neutrum
To je hezk**ý** student. To je hezk**ý** vlak.	To je hezk**á** žena. To je hezk**á** kniha.	To je hezk**é** dítě. To je hezk**é** auto.

1. b) Nominativ plurálu

Maskulinum	Femininum	Neutrum
(To jsou nov**í** student**i**.) To jsou nov**é** vlaky. To jsou nov**é** počítače.	To jsou nov**é** knihy. To jsou nov**é** ulice. To jsou nov**é** garáže, místnosti.	To jsou nov**á** auta. To jsou nov**á** letiště. To jsou nov**á** náměstí.

2. Akuzativ singuláru

Maskulinum	Femininum	Neutrum
Vidím nov**ého** studenta. Vidím nový dům, počítač.	Vidím nov**ou** knihu. Vidím nov**ou** ulici. Vidím nov**ou** garáž, místnost.	Vidím nové auto. Vidím nové letiště. Vidím nové nádraží.

■ B. ADJEKTIVA MĚKKÁ

Formy pádů v učebnici A1

1. a) Nominativ singuláru

Maskulinum	Femininum	Neutrum
To je moderní student. To je moderní vlak.	To je moderní žena. To je moderní kniha.	(To je cizí dítě.) To je moderní auto.

1. b) Nominativ plurálu

Maskulinum	Femininum	Neutrum
(To jsou moderní studenti.) To jsou moderní vlaky. To jsou moderní počítače.	To jsou moderní knihy. To jsou moderní ulice. To jsou moderní garáže, místnosti.	To jsou moderní auta. To jsou moderní letiště. To jsou moderní náměstí.

2. Akuzativ singuláru

Maskulinum	Femininum	Neutrum
*Vidím modern**ího** studenta.* *Vidím moderní dům, počítač.*	*Vidím moderní knihu.* *Vidím moderní ulici.* *Vidím moderní garáž,* *místnost.*	*Vidím moderní auto.* *Vidím moderní letiště.* *Vidím moderní nádraží.*

■ C. MODÁLNÍ ADJEKTIVUM *rád*

Maskulinum singulár	Femininum singulár	Neutrum singulár
Rád *spím.* **Nerad** *cestuju.* *Mám* **rád** *Evu.* *Jsem* **rád***, že vás zase vidím.*	**Ráda** *spím.* **Nerada** *cestuju.* *Mám* **ráda** *Adama.* *Jsem* **ráda***, že vás zase vidím.*	*Dítě* **rádo** *spí. Nerado vstává.* *Dítě má* **rádo** *mléko.* *Dítě je* **rádo***, že je doma.*
Maskulinum plurál	Femininum plurál	
Rádi *spíme.* **Neradi** *cestujeme.* *Máme* **rádi** *dobrou kávu.* *Jsme* **rádi***, že vás zase vidíme.*	**Rády** *spíme.* **Nerady** *cestujeme.* *Máme* **rády** *dobrou kávu.* *Jsme* **rády***, že vás zase vidíme.*	

■ D. POSESIVNÍ ADJEKTIVA – tvořená od maskulin

Formy pádů v učebnici A1

1. Nominativ singuláru

Maskulinum	Femininum	Neutrum
*To je Masaryk**ův** most.* *To je Karl**ův** most.*	*To je Masaryk**ova** ulice.* *To je Karl**ova** univerzita.*	*To je Masaryk**ovo** nádraží.* *To je Karl**ovo** náměstí.*

2. Akuzativ singuláru

Maskulinum	Femininum	Neutrum
*Vzadu vidím Karl**ův** most.*	*Vzadu vidím Masaryk**ovu** ulici.*	*Vzadu vidím Karl**ovo** náměstí.*

3. Lokál singuláru – „kde?"

Maskulinum	Femininum	Neutrum
Sejdeme se na Karl**ově** mostě.	Sejdeme se v Masaryk**ově** ulici. Sejdeme se na Karl**ově** univerzitě.	Sejdeme se na Karl**ově** náměstí.

■ III. PRONOMINA (Zájmena)

■ A. OSOBNÍ ZÁJMENA

Nominativ	Akuzativ	Dativ
To jsem **já**.	Bolí **mě** hlava.	Líbí se **mi** Praha.
To jsi **ty**.	Bolí **tě** hlava.	Líbí se **ti** Praha.
To je **on**.	Bolí **ho** hlava.	Líbí se **mu** Praha.
To je **ona**.	Bolí **ji** hlava.	Líbí se **jí** Praha.
To jsme **my**.	Bolí **nás** hlava.	Líbí se **nám** Praha.
To jste **vy**.	Bolí **vás** hlava.	Líbí se **vám** Praha.
To jsou **oni, ony, (ona)**.	Bolí **je** hlava.	Líbí se **jim** Praha.

Poznámka: Zájmeno v akuzativu a v dativu se vyskytuje v učebnici ve funkci „subjektu" fyziologického nebo psychologického procesu. Tento význam nefiguruje u substantiv.

Pozor: Osobní zájmena *tě, vás, ti, vám* píšeme v dopisech velkým písmenem.
Příklady: *Milý Karle, zdravím **Tě** z Krkonoš. Děkujeme **Vám** za dopis.*

■ B. REFLEXIVNÍ ZÁJMENA *se, si*

Aktivní verbum + reflexivní zájmeno *se* nebo *si.*
Příklady: *Jmenuje se Karel. Dívám se na televizi. Kupuje si noviny. Čte si časopis.*
Vyskytuje se vždy ve 2. pozici ve větě.
Pozorujte: *Dívám se na televizi. Adam a Eva se dívají na televizi. Adam, Eva a jejich kamarádi se dívají na televizi. Večer se díváme na televizi. V sobotu večer se díváme na televizi. Večer čtu a dívám se na televizi. Večer chvíli čtu a pak se dívám na televizi. Kdy se díváte na televizi? V kolik hodin se díváte na televizi?*

C. POSESIVNÍ ZÁJMENA

1. Nominativ singuláru

Maskulinum	Femininum	Neutrum
můj byt	**moje** kniha	**moje** auto
tvůj	**tvoje**	**tvoje**
jeho	**jeho**	**jeho**
její	**její**	**její**
náš	**naše**	**naše**
váš	**vaše**	**vaše**
jejich	**jejich**	**jejich**

Otázka: *Čí?*
Pozor: Posesivní zájmena *tvůj / tvoje, váš / vaše* píšeme v dopisech velkým písmenem.
Příklady: *Zdraví Tě Tvůj přítel Karel.*

D. DEMONSTRATIVA

Formy pádů v učebnici A1

1. a) Nominativ singuláru

Maskulinum	Femininum	Neutrum
To je ten student.	To je ta žena.	To je to dítě.
To je ten byt.	To je ta kniha.	To je to auto.
Kdo je tenhle student?	Kdo je tahle žena?	Čí je tohle dítě?
Čí je tenhle byt?	Čí je tahle kniha?	Čí je tohle auto?

1. b) Nominativ plurálu

Maskulinum	Femininum	Neutrum
(To jsou ti studenti.)	To jsou ty knihy.	To jsou ta auta.
To jsou ty vlaky.	To jsou ty ulice.	To jsou ta letiště.
To jsou ty počítače.	To jsou ty garáže, místnosti.	To jsou ta náměstí.

2. Akuzativ singuláru

Maskulinum	Femininum	Neutrum
Vidím **toho** studenta. Vidím ten vlak.	Vidím **tu** žena. Vidím **tu** knihu.	Vidím to dítě. Vidím to auto.
Vidím **tohohle** studenta. Vidím tenhle vlak.	Vidím **tuhle** ženu. Vidím **tuhle** knihu.	Vidím tohle dítě. Vidím tohle auto.

■ E. ZÁJMENA TÁZACÍ, NEURČITÁ A ZÁPORNÁ

Formy pádů v učebnici A1

1. Nominativ singuláru

Tázací	Neurčitá	Záporná
kdo	někdo	nikdo
co	něco	nic
jaký, jaká, jaké	nějaký, nějaká, nějaké	žádný, žádná, žádné
který, která, které	některý, některá, některé	žádný, žádná, žádné
(čí)	(něčí)	(ničí)

Příklady: Kdo to je? Někdo stojí na ulici. Nikdo tady není. Co děláš? Něco čte. Nic nepíšeme.
Jaká barva se ti líbí? Žádná. Které auto je tvoje? Žádné.
Pozorujte: Někdo to ví, někdo to neví. × Nikdo to neví.
Rozlišujte: **Jaký** je tvůj byt? Můj byt je **velký**, ale **starý**.
Který je tvůj byt? Můj byt je **ten napravo**.

Pamatujte: Zájmena jaký, který, čí se deklinují jako adjektiva.

2. Akuzativ – koho, co?

Koho vidíte?	Vzadu **někoho** vidím.	**Nikoho** nevidím.
Co vidíte?	Vzadu něco vidím.	Nic nevidím.

Poznámka: Další informace o tázacích, neurčitých a záporných zájmenech najdete v učebnici A2.

F. RELATIVNÍ ZÁJMENO *který*

Slovo *který* může být tázací zájmeno (viz výše) nebo relativní zájmeno.

Příklady: *Ten muž, který má na sobě černou košili, se jmenuje David.*
Ta žena, která sedí vedle, je jeho manželka.

Poznámka: Relativní zájmena v učebnici jsou vysvětlována v učebnicích A2 a B1.

IV. ČÍSLOVKY

A. ČÍSLOVKY ZÁKLADNÍ

Viz 2. lekce B a C, 3. lekce C, 8. lekce A („kolik?").

B. ČÍSLOVKY ŘADOVÉ

Formy pádů v učebnici A1

1. Nominativ singuláru

Viz 5. lekce A („kolikátý, kolikátá, kolikáté?").

Pamatujte: Číslovky řadové se deklinují jako adjektiva.

2. Genitiv singuláru použitý v udání data

Maskulinum	Neutrum
*Dnes je druh**ého** června*	*Dnes je druh**ého** září*
*Dnes je třet**ího** července*	*Dnes je třet**ího** září*

V. VERBUM (Sloveso)

A. ASPEKT (Vid)

Vidové formy jsou uvedeny ve slovníku. Vid bude systematicky vysvětlen v učebnici A2.

B. ROD

V učebnici A1 jsou uvedeny jen aktivní formy. Pasivní formy reflexivní jsou vysvětleny v učebnici A2 a pasivní formy složené v učebnici B1 a B2. Příklad: *Na nádraží je zakázáno kouřit.*

C. NEURČITÉ FORMY

Infinitiv může být imperfektivní nebo perfektivní (viz slovník).

Význam

a) modální verbum + infinitiv: *Musím vstávat v sedm hodin. Chci jet do Prahy.*

b) verbum *začínat* + infinitiv: *Ilona začíná pracovat v osm hodin ráno.*

D. ČAS

Čeština má tyto časové formy: **imperfektivní prézens, imperfektivní préteritum, perfektivní préteritum, imperfektivní futurum, perfektivní futurum.**

Akční verba

Verbum	Préteritum	Prézens	Futurum
imperfektivní	*Co dělal Adam?* *Četl knihu.*	*Co dělá Adam?* *Čte knihu.*	*Co bude dělat Adam?* *Bude číst knihu.*
perfektivní	*Přečetl knihu.*		*Přečte knihu.*

Stavová verba

Verbum	Préteritum	Prézens	Futurum
imperfektivní	*Kde bydlel Adam?* *Bydlel v Brně.*	*Kde bydlí Adam?* *Bydlí v Praze.*	*Kde bude bydlet Adam?* *Bude bydlet v Ostravě.*

1. Imperfektivní prézens

Význam

a) *Co obyčejně dělá Eva ve středu? Vstává v 7 hodin. Potom snídá.*

b) *Co teď právě Eva dělá? Teď vstává. Právě snídá.*

Formy

a) Pravidelná verba

I. třída infinitiv *-at (vstávat)*

Singulár	Plurál
1. vstáv**ám**	1. vstáv**áme**
2. vstáv**áš**	2. vstáv**áte**
3. vstáv**á**	3. vstáv**ají**

II. třída infinitiv *-it (mluvit), -et (bydlet), -ět (sedět)*

Singulár	Plurál
1. mluv**ím**	1. mluv**íme**
2. mluv**íš**	2. mluv**íte**
3. mluv**í**	3. mluv**í**

Pozor: některá verba – 3. osoba plurálu – jiná forma → viz slovník
Příklady: *oni rozumějí, oni se vracejí*

III. třída infinitiv -ovat (pracovat)

Singulár	Plurál
1. prac**uju** (pracuji)	1. prac**ujeme**
2. prac**uješ**	2. prac**ujete**
3. prac**uje**	3. prac**ujou** (pracují)

Pozor: *já pracuju / oni pracujou* jsou jen formy pro konverzaci. Literární formy jsou: *já pracuji / oni pracují*.

Pozor: Formy v závorce jsou literární.

IV. třída infinitiv – nepravidelný (1. osoba -u – já čtu)

Singulár	Plurál
1. čt**u**	1. čt**eme**
2. čt**eš**	2. čt**ete**
3. čt**e**	3. čt**ou**

Informace o 1. osobě je vždy ve slovníku.
Pozor: Některá verba mají nepravidelný infinitiv, ale pravidelné formy.
Studujeme vždy 1. osobu a infinitiv!
Příklady: *pít (piju), žít (žiju), spát (spím), hrát (hraju), stát (stojím), pronajmout (pronajmu).*

b) Nepravidelná verba

jíst

Singulár	Plurál
1. jím	1. jíme
2. jíš	2. jíte
3. jí	3. **jedí**

vědět

Singulár	Plurál
1. *vím*	1. *víme*
2. *víš*	2. *víte*
3. *ví*	3. *vědí*

c) Modální verba = verba – *chtít, moct, muset, smět, umět* + infinitiv

chtít	moct	muset	smět	umět
singulár				
1. *chci*	*můžu (mohu)*	*musím*	*smím*	*umím*
2. *chceš*	*můžeš*	*musíš*	*smíš*	*umíš*
3. *chce*	*může*	*musí*	*smí*	*umí*
plurál				
1. *chceme*	*můžeme*	*musíme*	*smíme*	*umíme*
2. *chcete*	*můžete*	*musíte*	*smíte*	*umíte*
3. *chtějí*	*můžou (mohou)*	*musí (musejí)*	*smějí*	*umějí*

Pozor: Formy v závorce jsou literární.

Poznámka: Verbum *chtít* nemusí mít vždy infinitiv. Pozorujte: *Chci tuhle hezkou tašku. Nechceš pivo?*

d) Indeterminovaná verba *chodit, jezdit* a determinovaná verba *jít, jet*

Indeterminovaná slovesa vyjadřují opakování. Determinovaná slovesa aktuální děj. Indeterminovaná a determinovaná slovesa jsou vždy imperfektivní.

Příklady: *Pan Musil chodí každý den na procházku. Teď jde na poštu.*
  Kvapilovi jezdí každou sobotu na chatu, ale dnes jedou na výlet.

jít		jet	
singulár	**plurál**	**singulár**	**plurál**
1. *jdu*	*jdeme*	*jedu*	*jedeme*
2. *jdeš*	*jdete*	*jedeš*	*jedete*
3. *jde*	*jdou*	*jede*	*jedou*

2. Imperfektivní a perfektivní préteritum

Význam

Akční slovesa – imperfektivní nebo perfektivní préteritum

a) Co dělala Eva včera?	*Včera nakupovala a vařila oběd.* imperfektivní préteritum	*(Včera nakoupila a uvařila oběd.)* perfektivní préteritum
b) Co dělala každou sobotu?	*Nakupovala a vařila oběd.* imperfektivní préteritum	*(Nakoupila a uvařila oběd.)* perfektivní préteritum

Stavová slovesa – imperfektivní préteritum

a) Kde bydlel Adam?	*Bydlel v prvním poschodí.* imperfektivním préteritum

Formy

a) Základní forma

Pravidelné préteritum tvoříme od infinitivu.
Pravidelné formy préterita jsou krátké.
Příklady: *být → byl, pít → pil, znát → znal*
Pozor: *stát → stál, smát se → smál se, bát se → bál se*
Některé nepravidelné formy – viz 9. lekce A. Nepravidelné formy jsou vždy ve slovníku!

b) Formy podle rodu

Maskulinum singulár	Femininum singulár	Neutrum singulár
Adam hledal cestu.	*Eva hledala cestu.*	*(Dítě hledalo cestu.)* *(Auto nejelo.)*
Maskulinum plurál	**Femininum plurál**	
Studenti hledali cestu. *Adam a Ivan hledali cestu.* *Adam a Eva hledali cestu.*	*(Studentky hledaly cestu.)* *(Eva a Olga hledaly cestu.)* *(Děti hledaly cestu.)*	*(Auta nejela.)*

c) Koncovka -o ve větách bez subjektu

Příklad: *Včera pršelo. Letos v zimě nesněžilo.*
 Bylo mi teplo.

d) Konjugace forem préterita

Viz 9. lekce A.

e) Pozice pomocného verba *být*

Toto pomocné sloveso je vždy ve druhé pozici.
Byl **jsem** *doma.*
Včera **jsem** *byl doma.*
Včera večer **jsem** *byl doma.*
Včera večer v deset hodin **jsem** *byl doma.*

3. Imperfektivní a perfektivní futurum

Význam

Akční slovesa – imperfektivní a perfektivní futurum

a) Co bude Eva dělat zítra?	*Bude nakupovat a bude uklízet.* imperfektivní futurum	*(Nakoupí a uklidí.)* perfektivní futurum
b) Co bude Eva dělat každou sobotu?	*Bude nakupovat a bude uklízet.* imperfektivní futurum	*(Nakoupí a uklidí.)* perfektivní futurum

Stavová slovesa – imperfektivní futurum

a) Kde bude Adam bydlet?	*Bude bydlet v prvním poschodí.* imperfektivní futurum

Formy

a) Futurum verba _být_

Singulár	Plurál
1. _budu_	1. _budeme_
2. _budeš_	2. _budete_
3. _bude_	3. _budou_

b) Imperfektivní futurum = verbum _být_ + imperfektivní infinitiv

Příklady: _Eva a Adam budou jíst smažený sýr a hranolky. Večer se budeme dívat na televizi._

Imperfektivní futurum studujeme systematicky v učebnici A2.

c) Perfektivní futurum

Vychází se z perfektivního infinitivu. Pravidla konjugace viz imperfektivní prézens.
Pozor: Imperfektivní prézens a perfektivní futurum mají stejnou konjugaci, ale nemají stejný význam!!
Příklady: _Rychlík přijede na druhou kolej. Mladá rodina koupí byt 2 + 1._

Poznámka: Perfektivní futurum studujeme systematicky v učebnici A2.

d) Futurum determinovaných verb _jít, jet_

jít		jet	
singulár	plurál	singulár	plurál
1. _půjdu_	_půjdeme_	_pojedu_	_pojedeme_
2. _půjdeš_	_půjdete_	_pojedeš_	_pojedete_
3. _půjde_	_půjdou_	_pojede_	_pojedou_

Rozlišujte: _Každou neděli budu chodit na procházku_ × _Tuto neděli půjdu na procházku._
Každý víkend budu jezdit na chatu. × _Tuto neděli pojedu na chatu._

D. OSOBA A ČÍSLO

Singulár	Plurál
1. *já*	1. *my* (já + ty, já + vy)
2. *ty* (neformální komunikace → 1 osoba)	2. *vy* (formální komunikace → 1 osoba) *vy* (ty + on, ona, oni)
3. *on* (M) *ona* (F) [*ono* (N)]	3. *oni* (M) *ony* (F) [*ona* (N)]

Rozlišujte tykání × vykání: *Jak se máš, Adame?* (neformální komunikace)
Jak se máte, pane Musile, paní Musilová, slečno Kvapilová? (formální komunikace)
Pozorujte: *Kdo je to? To jsem já. Kim není Čech, já taky nejsem Čech.*

E. ZPŮSOB

a) V učebnici A1 se vyskytuje **imperativ** pouze lexikálně.

Rozlišujte: *pojď* (ty) × *pojďte* (vy), *posaď se* (ty) × *posaďte se* (vy).

b) V učebnici se vyskytuje **kondicionál** pouze lexikálně: *chtěl bych* (M) a *chtěla bych* (F).

VI. ADVERBIUM (Příslovce)

A. ADVERBIA ZPŮSOBU (otázka „jak?")

Tvoří se od adjektiv.

Jak jede auto? Auto jede pomalu / rychle. Jak mluvíš? Mluvím anglicky a francouzsky.

Pozorujte: *česky, slovensky, polsky, francouzsky, španělsky, italsky, čínsky, rusky, anglicky, německy.*

B. ADVERBIA MÍSTA (otázka „kde?", „kam?")

Kde?	Kam?
vpředu	dopředu
vzadu	dozadu
nahoře	nahoru
dole	dolů
napravo	napravo (doprava)
nalevo	nalevo (doleva)
tady	sem
tam	tam

C. TÁZACÍ, NEURČITÁ A ZÁPORNÁ ZÁJMENNÁ ADVERBIA

Tázací	Neurčitá	Záporná
kdy	někdy	nikdy
kde	někde	nikde
kam	někam	nikam
kudy	někudy	nikudy
odkud	odněkud	odnikud
jak	nějak	nijak

Pozorujte: *Někdy studuje, někdy nestuduje.* × *Nikdy nestuduje.*

D. ADVERBIA *ještě / už*

Pozorujte: *Je 6 hodin ráno, Eva* **ještě** *spí. Je 7 hodin ráno, Eva* **už ne***spí, právě vstává.*
Je 10 hodin večer, Eva **ještě ne***spí, dívá se na televizi. Je půlnoc, Eva* **už** *spí.*

VII. PREDIKATIVUM

Tvoří se od adjektiv pomocí koncovky -o a vyjadřují stavy ve spojení s verbem „být".

a) atmosférické stavy: *Je oblačno, chladno. Bylo horko, teplo. Bude jasno.*

b) smyslové stavy: *Je tam veselo. Bylo tam veselo. Je mi smutno. Bylo mi smutno.*

VIII. PREPOZICE (Předložky)

Všechny předložky z A1 jsou uvedeny v části Významy pádů v A1.

A. VOKALIZACE PŘEDLOŽKY v

a) konsonant *f* nebo *v* na začátku slova: *ve vodě, ve Vlašimi, ve filmu, ve Francii*

b) 2 konsonanty na začátku slova (2. konsonant není *r, ř, l, n, v*):
ve stole, ve škole × *v Praze, v přízemí, v Klementinu, v knihovně, v květnu*

c) 3 konsonanty na začátku slova:
ve skříni, ve sprše

B. VOKALIZACE PŘEDLOŽKY z

a) konsonant *s, š, z, ž* na začátku slova: *ze Sušice, ze Šumperka, ze zahrady, ze Žiliny*

b) 2 konsonanty na začátku slova (2. konsonant není *r, ř, l, n, v*):
ze mzdy, ze lžíce × *z Prahy, z března, z Vlašimi, z knihovny, z května*

c) 3 konsonanty na začátku slova:
ze skříně, ze sprchy

IX. KONJUNKCE (Spojky)

a) ***a*** Adam a Eva jsou manželé.
b) ***i*** Jsou tady Adam i Eva.
c) ***ale*** Mám hezký, ale malý pokoj.
d) ***protože*** Zuzana nejí maso, protože je vegetariánka.

X. INTERJEKCE (citoslovce) a PARTIKULE

Viz slovník.

XI. TVOŘENÍ ZJIŠŤOVACÍCH OTÁZEK

To je Adam Urban. ***Je Adam*** pilot? Ano, Adam je pilot.
Ne, Adam není pilot.
Nevím. Adama neznám.

Eva je studentka. ***Studuje Eva*** na univerzitě?
Ano, Eva studuje na univerzitě.
Ne, Eva nestuduje na univerzitě.
Nevím. Evu neznám.

Adresa

bydliště, trvalé, přechodné bydliště, náměstí, ulice, číslo domu, PSČ, město, vesnice, stát, země

Automobilová doprava

auto, značka auta

jezdit na benzin, na naftu, LPG, kupovat benzin

umět řídit, mít řidičský průkaz, být dobrý / špatný řidič

dopravní policie, špatně parkovat, jezdit moc rychle, platit pokutu

autoservis, autobazar, půjčovna aut, benzínka, myčka aut

porucha, nehoda

auto je rozbité, dát opravit auto

hlavní silnice, vedlejší silnice, dálnice, dálniční známka

Bydlení

byt, byt 3 + 1, garsonka, podnájem, družstevní byt, dům, rodinný dům, chata

přízemí, poschodí, výtah

chodba, koupelna, záchod, obývací pokoj, dětský pokoj, kuchyně, ložnice, balkon

terasa, sklep, půda

místnost, strop, podlaha, okno, dveře

nájemné, inkaso

elektřina, plyn, topení, ústřední topení, teplá a studená voda

Dopravní prostředky

auto, autobus, vlak, letadlo, loď

městská doprava: metro, tramvaj, trolejbus, taxík

jízdenka, předplatní jízdenka, letenka, lodní lístek, jízdné

Hotel

hala, recepce, restaurace, bar, výtah

volný pokoj, jednolůžkový pokoj, dvoulůžkový pokoj, rezervovat pokoj

plná penze, polopenze, ubytování se snídaní

recepce, recepční, klíč od pokoje, vzkaz, účet

Jazyky

angličtina, arabština, čeština, čínština, francouzština, italština, němčina, polština, portugalština, ruština, řečtina, slovenština, španělština, ukrajinština, vietnamština

mluvit anglicky, arabsky, česky, čínsky, francouzsky, italsky, německy, polsky, portugalsky, rusky, řecky, slovensky, španělsky, ukrajinsky, vietnamsky

Letecká doprava

letiště, hala, odbavení, zavazadlo, nadváha, palubní lístek, letenka, přílety a odlety, let

zrušit let, odložit let

Město

hlavní město, krajské město, lázeňské město

městský úřad, škola, pošta, nemocnice, policie, cizinecká policie, obchody, hypermarket, supermarket

cestovní kancelář, realitní kancelář, restaurace, kavárna, kino, divadlo, muzeum, galerie, knihovna

policie, kostel, zámek

bazén, stadion, hřiště

benzínka, vlakové nádraží, autobusové nádraží, letiště, parkoviště, pěší zóna

zastávka autobusu, stanice metra, zastávka tramvaje, trolejbusu, stanoviště taxi

ulice, hlavní ulice, vedlejší ulice, křižovatka, třída, náměstí, nábřeží, most

Nápoje

nealkoholické: káva, čaj, minerálka, džus, limonáda, kofola

alkoholické: pivo (světlé / tmavé), víno (červené / bílé), koňak, becherovka, fernet

Národnost / Státní příslušnost

Albánec, Američan, Angličan, Arab, Australan, Belgičan, Bělorus, Bulhar, Čech, Číňan, Dán, Egypťan, Fin, Francouz, Holanďan, Chorvat, Ind, Ir, Iráčan, Ital, Izraelec, Japonec, Konžan, Korejec, Kypřan, Maďar, Makedonec, Malijec, Malťan, Maročan, Mexičan, Němec, Nor, Pákistánec, Polák, Portugalec, Rakušan, Rumun, Rus, Řek, Senegalec, Slovák, Slovinec, Srb, Syřan, Španěl, Švéd, Švýcar, Tunisan, Ukrajinec, Vietnamec

Nemoc

rýma, kašel, chřipka, angína, alergie, infarkt, tuberkulóza, rakovina

zlomit si nohu, ruku, mít úraz, jít na operaci

cítit se špatně, mít bolesti, zvracet, mít průjem / zácpu, nespat, nemít chuť na jídlo, být unavený

být nemocný, mít neschopenku od lékaře, mít dietu, brát léky, ležet v posteli

nemocnice, pohotovost, poliklinika, ordinace, zubní ordinace, čekárna

lékař, zubař, zdravotní sestra, pacient

prohlídka, rentgen, laboratorní vyšetření (krev, moč, stolice), ultrazvuk

lékárna, recept, tablety, prášky, kapky, mast, antibiotika, antikoncepce

zdravotní pojištění, zdravotní pojišťovna

Obchody a služby

pekařství, řeznictví, maso a uzeniny, potraviny, drogerie, papírnictví, ovoce a zelenina,

prodejna tabáku, cukrárna, lékárna, květinářství, samoobsluha, tržnice, stánek, trh

čistírna, kadeřnictví / holičství, kosmetika, manikúra / pedikúra, prádelna, hodinářství, foto-kino

autoservis, půjčovna automobilů, půjčovna videofilmů / DVD, směnárna, zastavárna, banka, bankomat

Oblečení

bunda, kabát, košile, kalhoty, džíny, tričko, svetr

šaty, halenka, sukně, spodní prádlo

oblek, kostým, kravata

čepice, šála, rukavice

Okolí

město, vesnice, hory, kopec, hrad, řeka, potok, les, pole, louka, stromy, květiny

Osobní údaje a situace

pan / paní / slečna, křestní jméno, příjmení, adresa, číslo telefonu (telefonní číslo), datum a místo narození, věk, pohlaví – muž / žena, stav – svobodný, ženatý, vdaná, rozvedený / rozvedená, vdovec / vdova, národnost, státní příslušnost, povolání / zaměstnání

číslo pasu, povolení k pobytu, vízum, žádat o povolení k pobytu, žádat o studijní vízum

Počasí

je jasno, polojasno, oblačno, zataženo, hezky, ošklivo, teplo, chladno, zima, dusno, sucho, vlhko, mokro

je vítr, mráz, bouřka, mlha, přeháňka, déšť

prší, mrzne, sněží, fouká vítr, svítí slunce

je 10 stupňů nad nulou, pod nulou

Potraviny

pečivo, chléb, rohlík, houska, koláč, dort

máslo, jogurt, sýr, tvaroh, smetana, šlehačka

vepřové, hovězí, skopové maso, kuře, ryba, salám, párek, šunka

sůl, cukr, vejce, mouka, hořčice, kečup

bonbon, čokoláda, zmrzlina

ovoce, zelenina, jablko, pomeranč, banán, švestka, meruňka, citron, salát, cibule, mrkev, zelí

Povolání

být zaměstnaný, pracovat jako, být nezaměstnaný/á, být žena v domácnosti, být důchodce / důchodkyně

automechanik, advokát, architekt, číšník, dělník, diplomat, doktor, ekonom, fotograf, herec, inženýr, lékař, manažer, manekýnka, ministr, novinář, policista, politik, prodavač, profesor, programátor, průvodce, průvodčí, recepční, ředitel, řidič, sekretářka, taxikář, učitel, úředník, zdravotní sestra, zpěvák

Rodina

otec, tatínek, matka, maminka, rodiče, dítě, děti, syn, dcera

manžel/ka, druh / družka, partner/ka, přítel / přítelkyně

bratr, sestra, sourozenci

babička, dědeček, prarodiče

Sport

fotbal, hokej, volejbal, tenis, basketbal, golf, aerobik, lyžování, plavání

hřiště, stadion, tenisový kurt, bazén

cvičit aerobik, hrát fotbal, lyžovat, plavat, trénovat

Stravování

snídaně, přesnídávka, oběd, svačina, večeře

restaurace, hospoda, bufet, jídelna

česká tradiční kuchyně, italská, francouzská, čínská, indická kuchyně

vrchní, číšník, číšnice, servírka

jídelní lístek, nápojový lístek, denní menu

předkrm, polévka, hlavní jídlo, příloha, zákusek, nápoje

guláš, řízek, pizza, smažený sýr, omáčka, knedlíky, rýže, omeleta, palačinka

stravenka, platit dohromady / zvlášť, platit hotově / kreditkou, spropitné

Škola

základní škola, střední škola, gymnázium, univerzita, vysoká škola, fakulta

bakalářské, magisterské, doktorské studium

studijní předměty, studijní obor, specializace

maturita, vysvědčení, diplom

vyučování, hodina, přednáška, seminář, cvičení

dělat zkoušku, psát test, přijímací zkouška, dostat známku

výsledek na vysoké škole (výborně, velmi dobře, dobře, neprospěl)

učitel, profesor, docent, asistent

učebna, tabule, lavice

Tělesný vzhled

vysoký, malý, štíhlý, hubený, tlustý, obézní

hezký, pěkný, krásný, ošklivý

mladý, starý

modré, zelené, hnědé, černé oči

blond, světlé, tmavé, šedivé, černé, hnědé, krátké, dlouhé vlasy

mít vousy, knír, nosit brýle

vážit, měřit

Volný čas

sportovat, jezdit na kole, chodit na pěší výlety, jezdit na koni, plavat, chodit do sauny

hudba, tanec, klavír, kytara, poslouchat hudbu, tancovat, chodit na diskotéku, hrát na klavír

poslouchat rozhlas, CD, DVD, dívat se na televizi, na video, dívat se na zprávy, film, detektivku, seriál, dokumentární film

číst knihy, romány, poezii, časopisy, noviny, detektivky, science-fiction, sci-fi

chodit do divadla, do kina, na koncerty, vstupenka / lístek, rezervovat si místo

surfovat na internetu, hrát počítačové hry, chatovat, blogovat

Zařízení bytu

nábytek, stůl, židle, křeslo, postel, gauč, skříň, knihovna, pracovní stůl

obraz, počítač, televizor, rádio, telefon, hifi věž, video, lampa, koberec, záclona, květina

sporák, dřez, lednička, pračka, myčka, kuchyňská linka

bojler, vana, sprcha, zrcadlo

Železnice

nádraží, hlavní vchod, hala, pokladna, informace, jízdní řád, čekárna, nádražní rozhlas, bufet, stánek, občerstvení, příjezdy a odjezdy vlaků, nástupiště, kolej

osobní vlak, spěšný vlak, rychlík, expres, vlak EuroCity, InterCity

vagon, 1. třída, 2. třída, oddělení pro kuřáky, jídelní vůz, lehátkový vůz, lůžkový vůz

jízdenka, zpáteční jízdenka, místenka

zpoždění vlaku

1. lekce A: Umím pozdravit, navázat kontakt, umím oslovit, představit se, reagovat na představení
1. lekce B: Umím informovat o svém povolání
1. lekce C: Umím informovat o své znalosti jazyků, umím vyjádřit lítost

2. lekce A: Umím vyjádřit prosbu, umím upoutat pozornost, umím dát najevo, že rozumím / nerozumím, umím sdělit své jméno
2. lekce B: Umím se zeptat na jméno objektu, umím počítat do deseti, umím zjistit číslo telefonu, umím nadiktovat číslo telefonu, umím poděkovat, reagovat na poděkování, umím vyjádřit neznalost informace
2. lekce C: Umím počítat do sta, umím zjistit informaci, umím se zeptat na čas, umím zjistit, zda nějaká osoba má čas

3. lekce A: Umím zjistit adresu, umím oznámit adresu, umím napsat adresu, umím sdělit některé osobní údaje, zapsat některé osobní údaje do formuláře
3. lekce B: Umím pojmenovat některé základní vlastnosti, barvy, oblečení, umím říct, co se mi líbí / nelíbí
3. lekce C: Umím počítat do tisíce, umím se zeptat na cenu, umím zjistit přání, umím se zeptat na názor, umím vyjádřit názor
3. lekce D: Umím se zeptat na význam slova, na způsob jeho psaní, umím požádat o hláskování

4. lekce A: Umím popsat denní program, v kolik hodin dělám určité činnosti, co právě dělám
4. lekce B: Umím říct, který je den, co dělám v určitý den, umím si domluvit čas a místo schůzky telefonem, umím prověřit komunikaci v telefonu, umím vyjádřit souhlas
4. lekce C: Umím vyjádřit, jak často něco dělám, jak dlouho něco trvá, umím popsat svůj volný čas
4. lekce D: Umím použít různé pozdravy

5. lekce A: Umím sdělit různé časové údaje
5. lekce B: Umím sdělit datum, umím popřát úspěch, ověřit informaci, vyjádřit určitou míru nejistoty
5. lekce C: Umím přivítat oficiální hosty, umím říci svůj původ, umím představit svou osobu, umím popsat své záliby, zjistit záliby
5. lekce D: Umím napsat pohlednici s přáním k svátkům

6. lekce A: Umím se domluvit v obchodě, umím zjistit přání, umím vyjádřit přání, umím zjišťovat stupeň jistoty, umím zjišťovat možnost, umím dovolit nějakou činnost, umím vyjádřit záměr
6. lekce B: Umím pojmenovat jídla v rámci dne, různé potraviny, umím vyjádřit své preference v jídle a v pití
6. lekce C: Umím se domluvit v restauraci, zajistit si volný stůl, objednat si jídlo, umím zaplatit, dát číšníkovi spropitné, umím někomu popřát dobrou chuť a odpovědět na toto přání
6. lekce D: Umím si telefonicky rezervovat stůl v restauraci nebo pokoj v hotelu

7. lekce A: Umím popsat určitou osobu, umím vyjádřit informaci bez záruky, potvrdit informaci, umím vyjádřit své sympatie
7. lekce B: Umím informovat o své rodině

7. lekce C: Umím uvítat hosta na návštěvě, představit nějakou osobu, nabídnout pohoštění, přijmout nebo odmítnout pohoštění, požádat o pohoštění, umím někomu připít na zdraví, umím odpovědět na přípitek, umím se rozloučit, vyjádřit smutek, pozvat někoho na návštěvu, umím přijmout nebo odmítnout pozvání, umím napsat pozvánku e-mailem i dopisem

7. lekce D: Umím pochopit a napsat jednoduchý inzerát k seznámení

8. lekce A: Umím se orientovat v prostoru, umím popsat dům, byt

8. lekce B: Umím vyjádřit střední stupeň jistoty, umím se omluvit, umím hledat cestu, umím porozumět vysvětlení ohledně cesty

8. lekce C: Umím vyjádřit vysoký stupeň jistoty, umím vyjádřit možnost / nemožnost, schopnost, zjistit schopnost, umím vyjádřit nutnost, zjistit nutnost, umím vyjádřit zákaz, zjistit zákaz, umím požádat o pomoc, poděkovat za pomoc, umím napsat vzkaz po e-mailu

8. lekce D: Umím pochopit inzeráty týkající se bydlení, umím vysvětlit cestu

9. lekce A: Umím referovat o své činnosti v minulosti

9. lekce B: Umím zjistit znalost nějakého faktu, umím vyjádřit obavu, umím povzbudit

9. lekce C: Umím vyjádřit výstrahu, umím pochopit různá hlášení, umím číst v jízdním řádu

9. lekce D: Umím pochopit různé nápisy, umím se orientovat v dopravní situaci

10. lekce A: Umím vyjádřit naději, umím vyjádřit různé potíže

10. lekce B: Umím zjistit obavy, umím pochopit jednoduché pokyny, umím zjistit starosti

10. lekce C: Umím nabídnout pomoc, umím se ohradit, umím uklidnit, umím varovat

10. lekce D: Umím zjistit vzkaz na záznamníku

PhDr. Jitka Cvejnová

Česky, prosím I

Učebnice češtiny pro cizince

Vydala Univerzita Karlova v Praze

Nakladatelství Karolinum

Ovocný trh 3–5, 116 36 Praha 1

Praha 2008

Prorektor-editor prof. PhDr. Mojmír Horyna

Redakce PhDr. Kamila Veselá, Helena Petáková

Ilustrace Jiří Franta

Grafická úprava Jan Šerých

Sazba studio Lacerta (www.sazba.cz)

Vytiskla tiskárna FINIDR, s. r. o., Lipová ulice, Český Těšín

Vydání první

ISBN 978-80-246-1577-6